高校美育发展改革与实践研究

李忠昌　鲁小艳　著

中国纺织出版社有限公司

内 容 提 要

高校美育承载着培养时代新人、助力经济转型、丰富精神生活等多重使命和功能。本书以高校美育发展改革与实践研究为主线，首先对中国传统美育以及高校美育进行了概述，然后分别介绍了高校美育课程的建设，高校美育与创造力的发展，高校大学生美育实施策略以及高校大学生美育教学实践，以期为大学生树立正确的审美观，培养健康高尚的审美情趣和道德情操提供一定的参考。

图书在版编目（CIP）数据

高校美育发展改革与实践研究 / 李忠昌，鲁小艳著. -- 北京：中国纺织出版社有限公司，2023.9（2024.3重印）
ISBN 978-7-5229-1003-1

Ⅰ. ①高… Ⅱ. ①李…②鲁… Ⅲ. ①美育—教学研究—高等学校 Ⅳ. ①G40-014

中国国家版本馆 CIP 数据核字（2023）第 175700 号

责任编辑：史 岩 周亚纯 责任校对：高 涵
责任印制：储志伟

中国纺织出版社有限公司出版发行
地址：北京市朝阳区百子湾东里 A407 号楼 邮政编码：100124
销售电话：010—67004422 传真：010—87155801
http://www.c-textilep.com
中国纺织出版社天猫旗舰店
官方微博 http://weibo.com/2119887771
北京虎彩文化传播有限公司印刷 各地新华书店经销
2023 年 9 月第 1 版 2024 年 3 月第 2 次印刷
开本：710×1000 1/16 印张：9.25
字数：165 千字 定价：99.90 元

凡购本书，如有缺页、倒页、脱页，由本社图书营销中心调换

前　言

纵观人类数千年文明史，美是人的永恒追求，它如一缕微光，随着人类文明的不断积累与进步，它以永恒的姿态，激发出人类无穷的想象力和创造力。对美的追求，已经成了人的一种存在方式，而关于美的教育，则是人类文明传承的重要方式。

美育作为素质教育的有机组成部分，能够全面提高教育质量，塑造学生健全人格。同时，美育作为一种实践教育活动和思想意识，其本质意义在于"它不仅是人类认识世界、改造世界的重要手段，也是实现人类自身美化、塑造完美人格的重要途径。它的任务是要培养人的审美意识、审美观点，提升人的审美能力和创造美的能力，从而塑造审美的人生境界，培养和谐完美的人格"。美育依据社会和人的发展需要，促进学生在知识、道德、个性、身心、能力等方面全方位发展，在素质教育中具有不可或缺的价值。

选择有时代特征的、经典的美育内容，对美育内容进行系统化组织，有助于高校美育课程更好地实施和美育目标的顺利实现。由于美育课程内容涉及面较为宽广，处理不当易造成琐碎零乱，难以构成整体的认知印象，教师要精心构思，使零散趋于集中，将分离的甚至对立的内容纳入一个统一体，通过寻找内在的联系，将看似互不关联的部分融为有机整体。如此，才能达成开放的、圆融的、可持续发展的、富于智慧的人才培养目标。

由于高校美育发展改革与实践研究内容广泛，具有较强的综合性和应用性，加之编者水平有限，时间仓促，书中缺点、错误和不妥之处在所难免，敬请读者批评指正，以便今后进一步修改，使之日臻完善。

李忠昌　鲁小艳
2023 年 6 月

目 录

第一章　中国传统美育概述 ……………………………………… 1
第一节　中国传统美育思想综述 …………………………………… 1
第二节　现代性美育理论的提出 …………………………………… 11
第三节　中国现代美育理论的确立及实践生成 …………………… 15
第四节　中国现代美育理论的特征及价值意义 …………………… 19

第二章　高校美育概述 …………………………………………… 29
第一节　高校美育的概念及内容 …………………………………… 29
第二节　高校美育的目标及原则 …………………………………… 40
第三节　高校美育的结构和功能 …………………………………… 50

第三章　高校美育课程的建设 …………………………………… 63
第一节　高校美育课程的特质 ……………………………………… 63
第二节　高校美育课程建设的载体 ………………………………… 67
第三节　高校美育课程建设的方法 ………………………………… 74

第四章　高校美育与创造力的发展 ……………………………… 79
第一节　美育对创造力发展的影响 ………………………………… 79
第二节　美育对创造性思维发展的影响 …………………………… 81
第三节　美育对科学创造的影响 …………………………………… 88

第五章　高校大学生美育实施策略 ……………………………… 97
第一节　提高认识，树立科学理念 ………………………………… 97
第二节　明确原则，完善内容 ……………………………………… 101

第三节　丰富方法，健全机制 …………………………………… 109
　　第四节　提高美育队伍素质，优化美育环境 …………………… 117

第六章　高校大学生美育教学实践 ……………………………… 123
　　第一节　高校大学生书法美育教学 ……………………………… 123
　　第二节　高校大学生绘画美育教学 ……………………………… 125
　　第三节　高校大学生摄影美育教学 ……………………………… 128
　　第四节　高校大学生音乐美育教学 ……………………………… 132
　　第五节　高校大学生舞蹈美育教学 ……………………………… 135

参考文献 ……………………………………………………………… 141

第一章　　中国传统美育概述

第一节　　中国传统美育思想综述

美育是审美教育与美感教育的结合,美育是有目的、有计划、有组织地通过教育和各种美的事物,培养和发展学生的审美心理,提高学生认识美、欣赏美、表现美和创造美的能力的特殊教育活动。美育的目标就是要以自然美、社会美、艺术美和科学美等基本内容,促进学生审美心理素质发展和整体心理素质全面和谐发展。

美育作为一种传授人类审美观念、审美经验的特定教育形式,自古就已存在。它通过形象化的手段、富有个性的自由形式,在审美实践中,潜移默化地陶冶人的情感,培养人的情操,促进人的全面和谐发展。因此,梳理我国古代美育思想的历史发展,把握美育思想的发展历程,对提升当今大学生美育的教育水平具有重要的现实意义。

一、原始时期的美术教育

原始社会的艺术是原始社会生产力、生产关系与早期审美意识和原始信仰的综合反映。在艺术起源说中,有艺术与人类同期出现的说法。艺术起源论把艺术的发生放在人类的生产实践劳动中,在劳动中产生的审美情绪形成了原始艺术的形式。原始时期的艺术表现形式简单且粗犷,美术表现形式多种多样。由于生产力低下,原始人的思想显得单纯,甚至愚昧,此时还未有明确的审美教育形式,也无明确的教育目的,只是一种低级状态下的互相感染。本文将从内容和教育方式两个方面来阐述原始时期的美术教育。

（一）原始时期美术教育的内容

"洞穴艺术""岩画"是原始绘画中的杰出代表。据考古资料表明,最古老的原始壁画出现于印度尼西亚,距今 4.5 万年。同时,我国也是岩画最丰富的国家之一,早在 1500 年前北魏郦道元的《水经注》中就著录有黄河和长江沿岸的许多岩画。原始社会的自然生存环境艰苦恶劣，生产力与生产关系极其低下，以狩猎为主、采集为辅的经济基础决定了原始时期的"艺术家"们的绘画工具极其简陋。画笔为尖石器、木炭，颜料为天然的赤铁矿石粉、动物油脂等的混合物，没有纸，只好以洞穴岩壁与露天岩壁作为载体。就是在这样简陋的条件下，原始人形成了最初的审美形式观念。原始人在惊险、紧张、刺激的狩猎活动中，目睹了无数次动物奔跑时生动优美的形象，留下了强烈的记忆和深刻的印象。另外，他们在描摹动物形象时，由于是凭记忆作画，扬弃了对描绘对象的非本质特征部分，这培养了"艺术家"们对动物形象的概括，为以后造型艺术的产生奠定了基础。再则，食物的生产是原始人生存最重要、最基本的内容，于是，我们的先民描绘了许多人类进行生产活动的场景。到了氏族公社时期，绘画内容上又有氏族公社成员为了欢庆丰收、祝贺胜利等而载歌载舞的场面。表达情感是原始绘画形成的原因之一。

据史料记载，最早的装饰品出现在旧石器时期，原始人把石头、骨片、兽牙等制成装饰品，或把艳丽多彩的贝壳经过打磨钻孔制成串珠和坠饰。这些原始人的装饰品对今天的考古专家来说最富艺术价值，我们可以从原始先民的装饰品上直接探索原始时期的美术形式及审美观念。最早的原始人身上的装饰有两种：一种是固定的，如文身、割痕、耳鼻唇饰等；另一种是不固定的或半固定的，如穿戴、悬挂物等。最初的文身也许是出于实用需要。人们发现用黏土涂身可使皮肤清爽，并能防止蚊虫叮咬，于是这一形式就流传了下来，直到后来随着人们审美意识的提高，文身才被认为是一种表现美的形式。注重穿戴和悬挂饰物也是原始人社会意识中所具有的。原始时期的装饰物不仅具有审美特性，还体现了原始人群的情感文化。另外，随着社会的发展与生产力的提高，原始人群对美的认识和需求增加，人们对于生活上的物品逐渐产生美化意识，于是，从生活中提取出形式多样的纹饰——几何图形、动物纹样、植物纹样及生活场景等，都被用于物品上，直接体现原始先民的审美趣味和生活理想，是一种早期的有意识的审美形式。

原始人群在经过与自然做殊死斗争并逐渐取得胜利的同时，发现高温烘烧的泥土物体具有坚固耐用的特点，给生活带来极大的便利，于是，火与泥土的关系被广泛传播，从此，陶器出现了，并逐渐演化为原始艺术的重要内容。陶器的出现，首先是以满足某种生活需要为目的。人们在利用自然、改造自然的过程中积累经验，并在生产中总结经验与方法。随着社会生产力不断提高，人们在解决了基本的生存问题后，除了对陶器要求有"实用功能"外，还开始追求外形的美观。因此，彩陶中的纹饰就是为了满足人们的审美需求而产生的。常见的彩陶纹样是用黑、红颜色在陶瓷上绘出由鱼纹、蛙纹、人面纹等组合而成的图案，同样以生活场景作为描绘对象，只是人们对图形的把握从简单的写实发展到较为抽象的几何形纹样。这些都离不开人类观察自然、感悟自然，都体现了原始的审美意识。

（二）原始时期美术教育的教育方式

1. 原始社会艺术的形成

关于原始社会艺术的形成，首先我们看到的是原始先民对自然的模仿。大量的原始艺术活动或艺术品都有明显的模仿现实的特征，如雕刻、建筑、绘画、陶器等，基本上是以模仿自然的形式形成的。狩猎中奔跑的野兽、水中游动的鱼儿和天空飞翔的小鸟等，都被列入原始艺术的模仿对象中。此外，原始时期的模仿形式还表现在后人对前人的模仿或晚辈对长辈的模仿。前人总结的生活经验包括狩猎、捕鱼，以及为庆祝胜利而作的音乐、舞蹈、绘画等艺术形式。这些经验世代相传，逐渐形成原始社会的一种基本教育形式。

2. 原始信仰对原始艺术的影响

原始信仰对原始艺术同样有巨大的影响，可以说原始信仰观念和活动几乎渗透到所有原始艺术活动中，原始人的情感离不开信仰观念，艺术也就必然受到信仰观念的支配。探讨原始信仰对于理解原始时期的美术教育方式意义重大，例如装饰方面，在早期的陶器上绘有人面鱼身像、鱼蛙纹、人蛙纹等。考古学家认为，此类动物纹样及其象征性纹样皆为古代氏族的图腾标志。

古人认为，在礼器上铸造花纹，不仅能与鬼神沟通，还可以起到一种辟邪的作用，于是，人们在绘制这些纹样之初，更多的是带有信仰意识。后来，随着社会的发展，人们的审美意识逐渐被唤醒。

除装饰画外，岩画上的狩猎、祭祀、舞蹈、神像等内容，多半含有浓厚的信仰因素。例如，广西左江流域的岩画，大部分位于江水转弯处，居高临下，可清晰地看到犬、鸟、剑、刀、铜鼓等形象，还有双手上举、腿部叉开作屈蹲状、两腿下屈或半蹲式的人物形象。此种形象象征以乐舞取悦于水神的意义。另外，还有雕塑、歌舞等方面，都与原始信仰结下了不解之缘。再如，巫术场所的设置、房屋的建造等，都具有深厚的信仰意识。原始信仰在人类童年时期以有形或无形的状态影响着原始艺术的发展，并成为原始艺术发展的重要载体。直至今天，信仰对美术的传承依然是美术教育的一种形式。

综上所述，原始时期的美术形式、内容丰富多彩，充分体现了原始先民的生活习性与审美意识的形成与发展。原始时期美术教育的教育方式虽不及当今的教育制度严明、有规律且人性化，但它也以一定的生活方式或约定俗成的规律形成了原始时期特有的教育模式。

二、夏商周三代美育思想

到西周、春秋、战国时期,进入了我国古代文化大发展时期。这一时期我国各民族间固有的文化,如南方楚地发展起来的阴阳学说,东方或北方殷人的"五行"思想,以及周文化中的"中行"思想与伦理道德观念的进一步融合,从而产生了中国独特的文化类型,与此相应的和谐为美的美育思想也得到了发展。西周的教育政策是根据宗法制度的需求制定的,提出以"明人伦"为教育目的,并以礼、乐、诗、书相辅。当时的执政者很注重礼、乐的教育作用,并以"乐"佐"礼",把"乐"作为教化人民的工具。西周专门设立了由"大司乐"领导的音乐机构,机构官员及乐师达 1400 多人,"大司乐"负责领导乐、舞活动,它是我国及世界上最早的音乐教育机构。

在《周礼·春官·大司乐》中写着,"大司乐,以'乐德'教国子:中和、祗庸、孝友;以'乐语'教国子:兴道、讽诵、言语;以'乐舞'教国子:舞《云门大卷》(黄帝乐舞)、《大咸》(尧乐舞)、《大磬》(舜乐舞)、《大夏》(夏乐舞)、《大尚》(商乐舞)、《大武》(周乐舞)。"在《礼记·王制》中也有记载:"乐正崇四术,立四教,顺先王诗、书、礼、乐以造士,春秋教以礼、乐,冬夏教以诗、书。"可见,周王朝对乐舞何等重视。其目的不是单纯的娱乐,而是利用乐动人情感的魅力为政教统治服务,正所谓"礼以道其志,乐以和其声,政以一其行,刑以防其奸。礼、乐、刑、政,其极一也,所以同民心而出治道也"。

三、先秦时期的美育思想

先秦儒家的审美教育思想中,无论是孔子的"里仁为美"(《论语·里仁》),还是孟子的"充实之谓美"(《孟子·尽心下》),抑或是荀子的"君子知夫不全不粹之不足以为美"(《荀子·劝学》),都把内在修养的提高和完善作为审美教育追求的最高境界。加强审美教育,有利于树立受教育者正确的审美观,不断提高受教育者的道德修养和审美情趣,从而真正做到内外兼修、知行合一。

(一)先秦儒家美育思想

先秦儒家美育思想不仅是儒家学派美育思想的滥觞,而且基本上奠定了中国古代美育思想的基础。作为儒学思想体系的创始者,孔子提出了"仁""君子"等丰富的美育思想;孟子继承了孔子的仁学思想,提出了"性善论",同时由于观照社会局面提出了"仁政"的美育思想;荀子则提出了与孟子相反的"性恶论",并指出通过"化性起伪"的途径消除人性的恶,此外,荀子也有极为丰富的乐教育思想。

1. 孔子的美育思想

孔子是儒家学派创始人，也是我国古代伟大的教育家，他提出的观点蕴含着丰富的美育思想。对于个人而言，"兴于诗，立于礼，成于乐"，美育起到了修身养性、涵养品德的功用；对于社会而言，"安上治民，莫善于礼；移风易俗，莫善于乐"，美育起到了移风易俗、治国安民的作用。正如王国维在《孔子之美育主义》一文中所说："今转而观我孔子之学说。其审美学上之理论虽不可得而知，然其教人也，则始于美育，终于美育。"孔子是提倡美育当之无愧的先驱者。

孔子是人性论的奠基者，其思想理论的核心是"仁"。"仁"的思想最初源于家庭或家族内部的血缘伦理关系，主要是针对晚辈对于长者的尊重和敬意。孔子将这种"仁"的思想发扬光大，提出了"仁者，爱人"的思想，这种以"仁"释"礼"的方法，突破了家庭和亲人的局限，不再停留于传统意义上对祖先及长辈的尊敬，而是融入社会的大环境中。

孔子认为实施美育的目的是培养"文质彬彬"的君子。"质胜文则野，文胜质则史"，其中，"文"为礼仪修养，"质"为仁义之道。在孔子看来，缺少审美在内的文化涵养，人就会显得庸俗、粗野。所谓"文饰和美"又会变为华而不实的虚浮。因此，在扬弃两种片面之后，孔子提出理想人才的标准是礼仪修养与仁义之道兼备，即"文质彬彬，然后君子"，这突出强调了完美人格的人应是外表"美"与内心"善"的统一，只有"文"与"质"二者相融合，才可成为"君子"。因此，就审美认知层面而言，孔子强调人的全面发展，主张外在与内在的和谐统一，其文质论贯穿于我国古代美育思想的整个历史发展过程。同时，文质和谐统一作为美育的审美原则之一，在当今的美育理论与实践过程中仍然具有指导作用。

2. 孟子的美育思想

孟子从心理和社会两个方面发挥了孔子的仁学思想。在心理方面，孟子继承和发展了孔子的仁学思想，提出了"性善论"观点，这为孟子美育思想理论提供了人性论基础；在社会方面，由于孟子出生并成长于战国时期，氏族制度在战国时期已经彻底崩溃，因此，孟子由"不忍人之心"现象出发归纳出人性本善的本质，以"仁政王道"构建乱世中的安和。孟子的"仁政"学说，构建了其治国方略，提出了审美的社会性功能观点。

孟子的美育思想建立在性善论之上，提出了"恻隐之心，仁也；羞恶之心，义也；恭敬之心，礼也；是非之心，智也。仁义礼智，非由外铄我也，我固有之也，弗思耳矣"的思想，其德行"四端"说充分体现了人性本善的观点，他认为"恻隐之心""羞恶之心""恭敬之心""是非之心"分别属于仁、义、礼、智的萌芽，仁、义、礼、智即来自这四种情感，而且这四种情感如同人有四肢一样自然，是与生俱来的，并不是外界强加的，因此人性本善。同时，孟子认为所谓圣人就是将"四端"发挥到极致，以此达到"人人皆可以成尧舜"的境界。这种人性论思想中还包含着人人平等的观念："口之于味也，有同耆焉；耳之于声也，有同听焉；目之于色也，有同美焉。至于心，独无所同然乎？"从美学的角度分析，人人皆有审美的欲望，美感的共同性源于人的生理感官的共同性，这为美育提供了良好的人性论基础。人对于味觉、听觉、视觉都具有相同的审美标准，虽然人性本善，但唯有人心有善恶之分，因此，孟子主张"养气"而达到"充实之谓美"，通过后天的教育与培养来保持善的本性，这就是孟子所倡导的"存心养性"观念。

孟子继承了孔子"仁"的思想，因社会局面的变化，孟子关注执政之道，提出了"仁政"美育思想。孟子的政治思想，以"性善论"为起点，以"仁政王道"学说为核心，最终实现"治国平天下"的目标。"惟仁者宜在高位。不仁而在高位，是播其恶于众也"，只有道德高尚的仁人，才应该处于统治地位，如果道德低的不仁者处于统治地位，就会把他的罪恶传播给群众，因此，君王要发扬善性，施政以仁，同时注重培养浩然之气，成就一种高尚人格。此外，孟子将"仁"的实施体现于政治中，提出了"王如施仁政于民""民为贵，社稷次之，君为轻"等观点，这是孟子教君王要以仁善之心爱众，体现了孟子主张美与善的统一、"仁善"为美的美育原则。孟子的"性善论""仁义论"不仅是人类社会漫长的历史中人文精神觉醒后发展出的命题，更是在长期的辩论及论证自己的政治思想即"仁政论"中逐渐形成的。

3. 荀子的美育思想

作为先秦的儒学宗师，荀子对后世产生了重要影响。他的人性论思想与孟子截然不同，提出了"性恶论"的观点。他认为人的本性有好利、疾恶、纵欲等恶性，人的本性是恶的，善良的人是通过后天学习教育达到的，故"人之性恶，其善者伪也"。荀子强调个人的自觉塑造，人的个体可以通过后天自觉的学习和实践达到"积善成德"的境界。

"性者，本始材朴也；伪者，文理隆盛也。无性则伪之无所加，无伪则性不能自美"，在这里，"性"指天生的素质条件，"伪"是礼法文理，也指后天人为的作用。没有本性，礼法文理便无可实施；没有人为的教育，人的天性就不能使自己变得美起来，因此，荀子认为"伪"与"性"相结合才能构成"人性"。荀子从"性恶论"的角度出发，阐释了审美教育的实现途径是"化性起伪"，强调了人要"见善，修然必以自存也；见不善，愀然必以自省也"，通过不断加强教育修养，自觉积善修身，同时重视社会性的礼乐教化，从而改变"恶"的本性。

荀子同样将礼乐教育作为审美教育体系的重要组成部分。"乐者，所以道乐

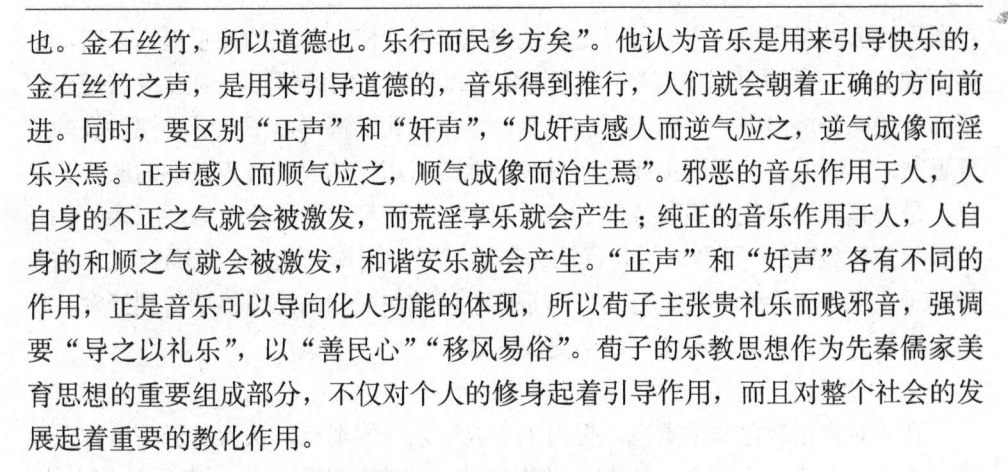

也。金石丝竹,所以道德也。乐行而民乡方矣"。他认为音乐是用来引导快乐的,金石丝竹之声,是用来引导道德的,音乐得到推行,人们就会朝着正确的方向前进。同时,要区别"正声"和"奸声","凡奸声感人而逆气应之,逆气成像而淫乐兴焉。正声感人而顺气应之,顺气成像而治生焉"。邪恶的音乐作用于人,人自身的不正之气就会被激发,而荒淫享乐就会产生;纯正的音乐作用于人,人自身的和顺之气就会被激发,和谐安乐就会产生。"正声"和"奸声"各有不同的作用,正是音乐可以导向化人功能的体现,所以荀子主张贵礼乐而贱邪音,强调要"导之以礼乐",以"善民心""移风易俗"。荀子的乐教思想作为先秦儒家美育思想的重要组成部分,不仅对个人的修身起着引导作用,而且对整个社会的发展起着重要的教化作用。

(二)先秦儒家美育的途径

先秦儒家认为,诗与乐作为艺术的主要内容,其内容丰富多彩,形式多种多样,作为礼乐文化的思想主体,可以由儒学而甄明礼乐文化的思想特质及其精神气质,同时艺术是现实生活的集中反映,因此,艺术教育在先秦儒家的美育途径中居于主导地位。另外,先秦儒家提倡"天人合一",这里,"天"意为自然界,人与自然是相互联系的,人们在欣赏自然美时,人的心灵得到了净化,性情也会得到陶冶。因此,先秦儒家美育的途径主要是通过艺术美陶冶人的情志,通过自然美净化人的心灵,在陶冶和净化的过程中通过审美来塑造人、涵化人。儒家学派进行美育的途径有两种:一种是通过艺术,"诗教""乐教"的审美教育;另一种是通过自然陶冶情趣的审美教育。

1.通过艺术熏陶的审美教育

因为艺术反映和升华了现实生活中的美,而诗歌、音乐等都可以起到重要的陶冶情操的作用,在儒家学派的审美教育方法中占有主导地位的是"诗教"和"乐教"。

(1)"诗教"

"诗教"的概念源于孔子《礼记》中"温柔敦厚,诗教也"。诗歌能达到"感人心志,动人肺腑,移人性情"的作用,诗教的目的是使受教育者达到"温柔敦厚"。孔子又说:"诗,可以兴,可以观,可以群,可以怨。"所谓可以"兴",是指诗歌对于人们具有十分重要的启发作用。"子谓伯鱼曰:女为《周南》《召南》矣乎?人而不为《周南》《召南》,其犹正墙面而立也与?"也就是说,诗歌对于人的重要作用,如果一个人不学习诗歌,就好像对着墙面站立一样,完全处于一种蒙昧的状态,必须通过诗歌的教育,才能树立正确的审美思想。所谓可以"观",是针对诗歌的认识作用来说的,通过学习诗歌,人可以更好地认识整个社会,并透过诗歌的具体内容领悟其中所反映的深远意义。所谓可以"群",是指

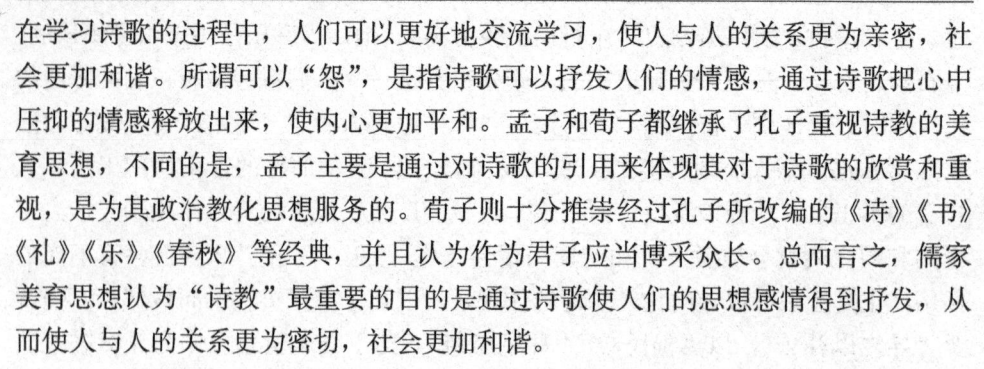

在学习诗歌的过程中，人们可以更好地交流学习，使人与人的关系更为亲密，社会更加和谐。所谓可以"怨"，是指诗歌可以抒发人们的情感，通过诗歌把心中压抑的情感释放出来，使内心更加平和。孟子和荀子都继承了孔子重视诗教的美育思想，不同的是，孟子主要是通过对诗歌的引用来体现其对于诗歌的欣赏和重视，是为其政治教化思想服务的。荀子则十分推崇经过孔子所改编的《诗》《书》《礼》《乐》《春秋》等经典，并且认为作为君子应当博采众长。总而言之，儒家美育思想认为"诗教"最重要的目的是通过诗歌使人们的思想感情得到抒发，从而使人与人的关系更为密切，社会更加和谐。

（2）"乐教"

孔子对音乐教育非常重视，提出了"成于乐"的观点，认为君子是由音乐而成。在先秦时期，由音乐、舞蹈、歌唱等艺术门类构成了乐，而音乐是其主体。"子击磬于卫"，连一个目不识丁的人都说这个磬敲得大有深意，这说明孔子本人便是一位极有修养的音乐大师。孔子还是一位杰出的音乐鉴赏家，"子与人歌而善，必使反之，而后和之"，就是说如果他听到别人歌唱得好，必定会让其反复吟唱，并且还会跟着唱。

荀子的《乐论》是一篇关于乐教的经典篇章，《乐论》的主旨就是礼、乐相辅。他说："夫乐者，乐也，人情之所必不免也。故人不能无乐，乐则必发于声音，形于动静；而人之道，声音动静，性术之变尽是矣。故人不能不乐，乐则不能无形，形而不为道，则不能无乱。先王恶其乱也，故制《雅》《颂》之声以道之。"荀子在这段话中首先肯定了音乐的重要性，人离不开音乐，但同时也强调了乐必须要合乎礼仪，只有这样的乐才能起到陶冶性情、修养人格的作用。同时，如果音乐不能得以正确的应用，不仅不能营造良好的社会风气，还会使社会混乱，影响政治统治和国家发展。荀子认为乐教可以使人"耳目聪明，血气和平，移风易俗，天下皆宁，美善相乐"。荀子的乐教思想作为儒家美育思想极其重要的组成部分，不管是对儒家美育的发展，还是对整个社会的发展都起到了至关重要的作用。

2. 通过自然感化进行审美教育

儒家学派提倡"天人合一"，"天"是指自然，自然界的一切都被赋予善恶的属性，然后用这个标准来进行评判。孔子认为，人和自然是相互联系的。人在欣赏自然之美时，陶冶了情趣，提升了心智，进而审美能力得到了提升。荀子非常重视大自然对人审美能力的作用。他认为人在观察自然事物的同时，会从自然的万事万物中想到与人品格一样的地方，最终完成审美教育。

（三）先秦儒家美育思想的功能

儒家美育思想的生成是时代发展的产物。春秋战国时期用来约束人们行为规范的周礼已经崩溃，由此孔子创立了儒家学派，其核心思想是"仁"，主要通过诗、乐和自然的教化得以实现。孔子提出"仁"与"礼"的学说，希望通过"克己复礼"教化陶冶人的性情，提高人的修养，最终达到"天下归仁"的目的。孟子和荀子将儒家学派的思想进一步升华，提出了"仁政""礼仪之治"等治国理念。因此，先秦儒家学派的美育思想不仅有陶冶人格修养的个体性功能，而且具有涵化社会风气、巩固政治统治的社会性功能。

1. 美育陶冶人格修养

先秦儒家文化中包含许多宝贵的思想理论，其中修身思想对于人的精神世界的塑造具有直接的促进作用。"兴于诗，立于礼，成于乐"，孔子推崇"诗""礼""乐"三教，将其看作文质彬彬的君子必不可少的修养，同时孔子认为个人修养与国家长治久安是相互联系的，"修己以安百姓"，这里，"修己"的对象是君子，修养自己是君子立身处世和管理政事的关键所在，只有使君子的道德修养得以提升，才能实现"安百姓"的政治理想，因此，孔子重视美育对人的成长成才及人格修养提升的重要作用。

"声乐之入人也深，其化人也速"，音乐是最普通、最广泛的陶冶性情的途径。荀子认为美育重要的功能之一是对人格的塑造，提出"君子知夫不全不粹之不足以为美"的思想，其中，"全"与"粹"指人的学问与道德，也就是说，君子要通过多方面的学习与实践，使个人的品德和言行达到纯粹的境界，就是一种人格之美。此外，荀子认为需要通过礼、乐提升人的品德修养，消除人性之恶，从而产生"化性起伪"的涵育作用。

2. 美育涵化社会风尚

先秦儒家的美育思想致力于对社会风气的教化。孔子提出"安上治民，莫善于礼；移风易俗，莫善于乐"，他认为要使国家长治久安需要礼法的引导，改变民风习俗需要音乐的熏陶，因此，他主张将礼与乐相结合来改变社会风气，从而实现社会的和谐。同时提到诗"可以观""可以群"，这是对诗歌社会作用高度的赞颂，诗歌不仅可以洞悉社会，还可以调整人际关系，增强群体观念，从而使社会和谐发展。

《荀子·乐论》是先秦儒家美学思想的集大成者，其美学思想蕴含丰富，通过对音乐审美问题的阐述来凸显音乐的社会教化功能。"乐在宗庙之中，君臣上下同听之，则莫不和敬；在闺门之内，父子兄弟同听之，则莫不和亲；在族长乡里之中，长少同听之，则莫不和顺"，这段话概括了音乐的社会功能，它可以使君臣恭敬、年长和年幼者和谐顺从、父子兄弟和睦亲近，因此，他主张通过音乐进行礼治、伦理教育，从而涵化社会风气。因此，"乐"文化不只是关于音乐的文化，更是关于社会和谐和个人快乐的文化，其旨趣在喜乐，目的是"和同"。

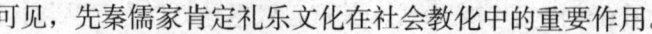

可见，先秦儒家肯定礼乐文化在社会教化中的重要作用。

3. 美育巩固政治统治

先秦儒家学派各个代表人物的思想都怀有各自的政治理想和抱负，他们的思想包含诗、礼、乐、自然等途径的教化，其目的不仅仅局限于对人格修养的陶冶和对社会风气的教化，更是为了巩固政治统治。

在治国方面，孔子提倡实行"德治"，"德治"的实施以个体"修身"为出发点，通过礼、乐等途径来实现，认为道德教化是有效的治国途径，这也是其仁学思想的推广与运用。孔子主张"道之以德，齐之以礼"，强调德和礼的教化作用，将德和礼视为治国施政、教化民众的工具，其效果远胜于单纯用行政约束民众。同时将音乐与礼、政、刑相提并论，"礼乐不兴，则刑罚不中；刑罚不中，则民无所措手足"，孔子将礼乐秩序的建立视为治国要政，礼乐成了先秦儒家兴邦治国、维护政治统治的必要措施。孟子继承了孔子"德治""仁政"的美育方式，同时提倡"养浩然之气"，其目的不仅在于"独善其身"，更重要的是通过"养气"实现"兼济天下"。"与民同乐"是孟子仁政思想的重要组成部分，孟子告诫统治者在思想上要以民为本，"乐民之乐者，民亦乐其乐；忧民之忧者，民亦忧其忧"，将民众视为国家的主体，认为统治者只有顺应民意才能固国安邦。这不仅是孟子民本思想的重要观点，也是其认为美育教育有着非常大的重要性。

荀子从礼的角度提出了美育对巩固政治的见解。他认为以礼来规范社会行为，建立良好的社会秩序，这是治辨强国的根本，由此提出了"礼者，治辨之极也，强国之本也，威行之道也，功名之总也"的观点，通过礼的建设，维护统治者的权力，实现"天下皆宁，美善相乐"的政治局面。

四、汉代的美育思想

汉代儒师毛苌著《诗大序》，进一步发挥了孔子关于诗的教育作用的观点。他说："诗者，志之所之也，在心为志，发言为诗，情动于中而形于言。"阐明了诗与人知、情、意的关系。同时还指出：诗可以"经夫妇，成孝敬，厚人伦，美教化，移风俗"。唯物主义哲学家王充提出了以人为核心的"人格本体"美育思想。他重视人性的发展，重视环境对人的影响，还认为礼、诗可以调节人的性情。魏晋以后人们重视书法与绘画对人的美育，认为书法能够"含情万里，标拔志气，黼藻精录"，具有抒发情感、激励气节、美化心灵的功用。另外，人们重视环境、大自然对人的美育，因而书院多设在依山傍水的优美之境，借山水之光陶冶学生的性情。

第二节 现代性美育理论的提出

一、美育学科建构开始起步

20世纪80年代初,当代中国美育进入复苏阶段。特别是中华全国美学学会第二届年会提出应建立具有中国特色的美育学科后,我国美育理论研究者便以共产主义为指导,自觉地吸收国内外美育理论,加强美育独立性的研究,试图把美育作为"一门独立的学科"而努力。20世纪90年代,美育理论日趋成熟,具有一定科学理论架构的美育专著、教材不断涌现。

新时期的美育著作,大体分为两类:第一类,借鉴和仿效美学的结构体系,形成美育著作或教材的篇章布局,例如,王定金主编的《美育教程》、杨昌江主编的《美育》和李文庠主编的《简明美育教程》等。这类美育著作或教材由美学的基本理论、美育涉及的主要对象与内容两方面构成。第二类,侧重于美育自身特性,注重美育的性质、对象、功能、任务、原则和实施途径。例如,杨恩寰主编的《审美教育学》、仇春霖主编的《美育原理》、章新建和杨春鼎合著的《美育概论》等。这类著作更加注重美育自身特点,但缺乏严谨的范畴逻辑,理论阐述较多,学习起来较为困难。

20世纪90年代,美育理论工作者构建美育教学的倾向更趋明显,如蒋冰海的《美育学导论》、杜卫的《现代美育学导论》与《美育学概论》等著作或教材,都直接冠以"美育学"的名称。美育学科建设受到了国家的高度重视。1997年,李岚清副总理亲自作序,高等教育出版社出版了《大学美育》《美术鉴赏》《音乐鉴赏》《影视鉴赏》等系列大学美育教材,改写了我国高等院校没有国家统编美育教材的历史。从总体上看,20世纪80年代以来,我国出版的美育著作或教材,以介绍美学知识、原理为主,指导学校美育实践的较少。1991年,赵伶俐出版了《人生价值的弘扬——当代美育新论》一书,就美育目标、课程、教法等方面进行了专门论述,具有一定的理论深度。

二、美育理论研究不断深化

(一)审美主体性命题

20世纪70—80年代末,在中国美学的第二次大讨论中,李泽厚以康德对于美感中感性和理性组合关系与构成方式的思想为依据，提出了美育价值人类学本体论思想及"以美启真""以美储善"的命题。

20世纪90年代初，李泽厚的人类本体论美学思想开始向心理本体转变。此时，刘再复依据李泽厚的审美主体性美学思想提出的文学主体性命题，引发了中国美学的第三次大讨论。在中国美学第三次大讨论中，一些年轻的美学研究者在对李泽厚美学体系缺失的批评中开始建构后实践美学，把感性、生存、生命、体验作为新美学建构的基本范畴。"感性美学"首先批评李泽厚的理性主义，要求还人以个人的感性本体。"超越美学"提出"超越实践美学，建立超越美学"。"生命美学"提出美学应以探索生命存在与超越为旨归。这场由主体性命题引起的主体性实践美学与后实践美学的激烈争辩，为新时期美育本质论、美育功能论及美育与德育的关系等美育理论中关键命题的展开提供了逻辑。

另外，自20世纪90年代以来，作为美育理论奠基者的席勒，成为当代中国美育理论界最关注的思想家。从陈玉德对弗里德里希·席勒（Friedrich Schiller，以下简称席勒）审美教育思想的分析，到李欣人对席勒与马克思思想的比较，再到杜卫对席勒美育现代性的阐释，席勒《美育书简》中关于人性和谐、自由时限、审美与自由等命题范畴，已成为当代中国美育界的共识和基本的思想资源。

（二）美育本质论命题

20世纪80年代初重新启动了美育本质论的探讨，研究者立足于不同的美学观，提出了许多不同的美育观，显示了在美育本质论上前所未有的多向性。从整体上看，总的倾向是向着审美感性存在的视角展开理论探讨。20世纪70—80年代初，学界对美育的理解主要是狭义的，认为美育比较密切地和艺术教育相联系，甚至直接把"美育"称为艺术教育。还有一些学者认为美育是德育的辅助手段，提出"美育就是通过文学、艺术和借助大自然、现实环境中的美，对儿童青少年进行的教育，形成他们正确的审美观点，发展艺术才能和进行思想道德教育"。

进入20世纪80年代中期，学界对于美育的理解开始泛化，美育的内涵由狭义走向广义，美育本质论也出现了多种提法。蒋孔阳、曾繁仁在吸收西方美育理论的基础上，以共产主义关于人的全面发展理论为指导，对美育的本质展开了更高水准的讨论。蒋孔阳在《谈谈审美教育》一文中，把审美活动本原性的、本然性的性质还原，提出美育"应该首先是娱乐教育"。曾繁仁在《论美育的本质》一文中提出美育是情感教育。他所说的"情感教育"主要有两层含义：其一，美育活动是在情感领域进行的；其二，这种审美情感本身是一种判断力，并不是绝对的感性的盲目的。但也有一部分学者提出了反对意见。潘必新指出，把美育界定为情感教育，是对席勒、王国维、蔡元培著作的误读，他提出美育的本质应当回归到席勒的提法:"美育是培养我们感性和精神力量的整体达到尽可能和谐的教育。"

近年来,在对美育本质的研究中,对"感性""生命"等范畴的引入很普遍。杜卫认为:"感性是一个贯通了肉体和精神的个体性概念,它以情感为中心。但是,从严格意义上讲,情感只是感性的一种形式,不可能包含感性这个概念的丰富内涵,因此,还是把美育界定为感性教育更为合适。"王德胜认为,强调人的生命意识的全面开发,应当是美育的根本目标。

还有学者提出,不应当对"美育"作狭义理解,认为美育是塑造完美人格、发展全面素质的教育,远不是艺术教育、狭义的美感教育、美学方面知识的教育,它还有更广泛的内容。赵伶俐提出"审美化教学"思想,认为应"将所有的教学因素(诸如内容、方法、手段、评价、环境等)转化为审美对象,使整个教育过程转化为美的欣赏、美的表现和美的创造活动"。这种观点可称为泛审美教育论,它更多地强调美育范围不只是艺术教育,却在语言上忽视了对艺术教育的强调。

(三)美育功能论命题

20 世纪 80 年代初,学术界对美育功能的认识仅停留在较浅的层面,研究范围多集中在美育独立的审美功能和"以美辅德"两个方面。20 世纪 90 年代后,美育功能研究进入了良性发展时期,不少学者开始从审美情感、审美心理、解决现代人性的分裂、感性与理性的协调等方面,探讨美育完善人的感性和人格、培养"生活的艺术家"、开发智力和创造力等功能。

美育完善感性和人格功能论,主要是针对理性主义和科学主义的日益膨胀,造成现代人感觉的迟钝、机械,道德信念、精神追求的丧失及自身能力的退化等现代弊病提出来的,其理论资源大多来自席勒、马克思、马尔库塞等对现代人的"异化"分析。研究者大都认为,美育具有促进人的感性与理性协调发展、塑造完整人格的功能。例如,曾繁仁指出:"美育旨在培养和谐协调的情感,塑造和谐协调的人格,实现人与对象的和谐协调的目的,因此,尽管德智体都有其独特的不可替代的作用,但和谐协调人格的最后完成还得依赖于美育对其他各育的协调。"

近年来,还有一些学者吸纳当代西方"生命哲学""现象学哲学""存在主义哲学"及朱光潜"人生艺术化"的观点,从"生存与存在"的视角考察美育的功能和作用。叶朗、曾繁仁等人是这一方向的代表,其主要学术建树是把"生存""存在""时间"等概念引入美育学研究的范畴中。叶朗提出通过美育帮助人们摆脱物欲,走向生机勃勃的"人生审美化境界"。曾繁仁认为,美育的根本任务是培养"生活的艺术家",使广大人民特别是青少年一代以审美的态度对待自然、社会、他人和自身,做到"诗意的栖居"。杜卫认为,审美主要涉及人的生存的情感纬度,因而,美育的功能可以直接指向人的生存质量和人格素质的提高。

在第二次中国美学大讨论中,李泽厚提出了"以美启真"的命题。之后,研究者论及美育开发认知能力以及美育与智育的关系时,大都以此为理论依据,但美育促进创造力发展的功能却一直没能进入研究者的视野。杜卫在《论美育与创造力的发展》一文中,较早从学理上探讨了美育开发创造力的功能。随后,不少学者撰写专文对这一问题进行探讨。2004年,冉祥华出版《美育与创造力》一书,从心理学和脑科学的视角,全面分析了美育促进创造力发展的生理、心理机制。

(四)美育与德育命题

20世纪80年代以来,叶朗、曾繁仁等学者,对美育与德育的本质区别与联系进行了深入探讨,并且将研究的重点转移到对美育与德育心理因素的联结上,在研究方法和视野方面都有新的建树。对于美育与德育的关系的认识,叶朗的看法具有一定的代表性。他认为,美育与德育既有区别又有联系,它们互相配合,互相补充,互相渗透,但却不能互相代替。无论就性质来说还是就社会功能来说,美育与德育都是有区别的。尽管美育能够辅助德育,但是绝不能仅把美育作为德育的一种手段,美育有其独立价值。

三、美育研究领域不断拓展

20世纪80年代以来,美育研究领域不断扩大,与美育密切相关的课题如美育心理学、胎教美育、幼儿美育等课题得以深入探讨。

20世纪80年代以前,美育心理研究几乎一片空白,是美育研究中最薄弱的环节。进入80年代以来,刘兆吉在美育心理研究方面取得了显著成绩。1981年,他提出了"美育心理"概念;1983年,在他的力争下,"美育心理"在《中国大百科全书·教育卷》中正式成立了条目,这标志着从心理学角度研究美育、重视美育中的心理学问题研究的开始;1990年和1993年,他主编的《美育心理学》和《美育心理研究》出版,这标志着美育心理研究进入了全面而系统的发展阶段。此外,赵伶俐、白天佑在美育心理研究上也有新的建树。

2001年,曾繁仁将加德纳的"多元智能理论"及"情商"概念引进美育研究领域,探讨了"多元智能理论"与美育之间的关系。他认为,"多元智能理论"不仅从素质教育的角度为美育开辟了道路,而且在教育内容上将艺术教育提到突出位置,同时为美育提供了更加科学的评估方法。

优生科学、生命科学的发展,也为美育研究提供了契机。姚全兴在《胎教的美育原理和方法》中提出,以美育为原理和方法的现代胎教,能有效地提高人口

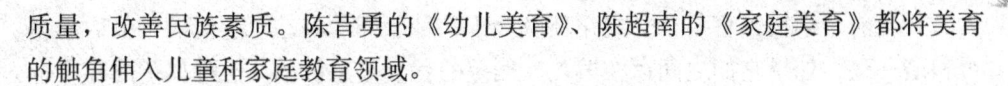

质量，改善民族素质。陈昔勇的《幼儿美育》、陈超南的《家庭美育》都将美育的触角伸入儿童和家庭教育领域。

第三节 中国现代美育理论的确立及实践生成

随着我国素质教育理念的逐步确立，人们已经深刻地认识到美育是实施素质教育、促进人的全面发展的重要方面。越来越多的人把一所学校的美育状况作为衡量这所学校办学水平的重要标志，作为对学校进行综合评估的一个重要标准。因此，各高校对美育都高度重视，在硬件设施、人员配备等方面积极投入，形成了良好的美育氛围。但是在高等学校的美育实践中仍然存在各种各样的问题，这些问题的出现与美育理论研究薄弱有密不可分的关系。因此，必须加强美育理论的研究，美育实践需要美育理论的支撑。

一、研究美育基本理论为美育的开展奠定基础

随着美育实践的深入，对美育理论的更深入探讨已经提上日程。

（一）美育的地位与作用始终是影响美育深入开展的重要因素

美育在整个国民教育中居于怎样的地位，它对于人的培养能够起到什么作用，科学阐明这些问题，是各级教育管理者、家长、教师、广大青年学生推动美育发展的前提条件。

（二）美育与智力教育、思想道德教育的关系

美育是否有独立的意义与价值，它对智力教育、思想道德教育会产生怎样的影响？毋庸置疑，一个人的思想道德素质如何决定他能否成为一个有利于国家、有利于社会的人，而一个人的智力如何表明他成为一个对国家、社会有用的人的潜力，那么，阐明美育与二者的关系就成为人们深入认识美育的一个重要方面。

（三）美育与素质教育的关系

很多人认为，强调素质教育就是让学生在原有教育的基础上增加艺术方面的能力和修养，如会绘画、擅长书法、能歌善舞等，是否果真如此；美育究竟要培养人的哪方面素质，这种素质在人的素质结构中居于何种地位。教育实践迫切要求对这些问题给予科学解答。

（四）学校美育与社会文化环境的关系

学生是生活在学校中的，更是生活在社会中的，社会环境对人们的影响是巨

大的。当前，学校美育与社会文化环境处于一种怎样的状态，它们的价值取向是否和谐一致，如果它们之间存在偏差，偏差的程度是怎样的，这种偏差的存在会对学校美育产生怎样的影响，如何促进社会文化环境对学校美育产生积极影响而避免其消极影响，这些问题的研究和解决将有助于提高学校美育的效果。

（五）美育中的民族性问题

美育实践既要反对狭隘的民族主义观点，又要反对全盘西化论。由于欧洲文化中心论的影响，我国学校美育中存在轻视、排斥本民族文化倾向，甚至有学生对本民族最著名的名曲、名画知之甚少，更不用说了解和热爱传统民族文化了。其实，很多有识之士一直呼吁重视美育中的民族文化传统教育的问题。那么，如何加强美育中的民族文化传统教育，如何具体实施，这些问题有待进一步深入研究。

探讨美育发展的规律是进行美育科学研究的永恒任务，是一个不断探索的过程。我国的礼乐教化（其中当然包括美育）已有几千年历史，可以给我们一些有益的启示。从《全国学校艺术教育总体规划》颁布至今已经二十多年了，其中的新鲜经验令我们获益颇丰。

二、加强对美育管理的研究使美育有章可循

在美育管理中，对教学最具直接指导作用的就是美育标准。在不同的年龄段应当进行多少课时的美育，教育的内容是什么，要达成怎样的目标，不同艺术学科的课时如何分配，美育的管理者对这些问题的规定如果不是建立在坚实的科学研究的基础上，那只能是瞎指挥，美育的实践就会事倍功半，甚至不仅起不到美育应有的作用，而且会对广大青年学生产生不良影响；相反，建立在科学研究基础上的美育标准则能推动美育实践的发展。

美育标准的研究体现了美育管理的制度化、法制化程度。随着人们法制观念的增强，"法"在管理中将发挥越来越重要的作用。美育的管理也不例外，真正规范的美育管理应当通过美育法规来管理。这样，就需要在美育管理的各个方面、各个层次建立起相应的科学规范、科学标准，这些都应当成为美育科研的重要内容。

美育标准是从目标的角度对教育教学进行管理的方式，而美育评价则是从结果的角度对教育教学进行管理的方式。科学合理的评价体系对美育产生的影响也是不容忽视的。在我国一度出现的美育的"窗口教育热"实际上反映了美育评价中存在的偏差。一所学校、一个地区是否有学生艺术团、合唱团，学生的美术作品是否获奖，只是这个学校或地区美育开展得如何的一个方面的反映，而不是美育的全部，而且在与全体学生的审美素质提高相比较时，这只是一个非常次要的

方面。进行深入的科学研究，探索建立科学合理的艺术评价体系的途径，将极大提高美育管理的科学化程度。

三、加强美育教学研究为教学注入活力

美育科研对于美育教学的作用一方面是通过美育管理间接产生的；另一方面，美育科研也通过对教学内容、教学过程、教学方法、教学模式等的研究对教学效果产生直接影响。典型例子是我国对国外一些教学法的推介，如铃木教学法、达尔克罗兹教学法、奥尔夫教学法等，这些教学法在我国音乐界产生了一定影响，很多教师把这些教学法的精华应用于自己的教学中，从而提高了教学效果。但这些毕竟是国外的教学法，它们的应用在我国存在适应性问题。如果美育科研能够立足我国的美育实践，加紧对教学的全方位研究，必将会对美育产生巨大的推动作用。这里之所以强调全方位，是因为教学法并不是教学的全部，在教学过程中教师的主导作用、教师的语言艺术、对教学标准灵活性的掌握等都是在教学过程中发挥重要作用的因素。我国目前对美育教学的研究较薄弱，随着这方面工作的加强，美育科研对美育教学的重要促进作用将会明显地表现出来。

（一）美育教学的基本原则

根据教育方针、教学任务和在教学过程中学生认知活动的规律，美育的教学应当有哪些基本要求，贯彻怎样的原则，这是美育教学中较为基础的问题，给美育教学以具体的指导。

（二）关于教学模式的问题

教学模式是指在一定的教学思想和理论指导下，设计和组织教学并在实践中建立的各种类型的教学活动的基本结构，它以简化的形式稳定地表现出来。教学模式既是教学理论的具体化，又是教学经验的抽象和概括，从而具有一定的普遍性。目前概括出来的美育模式主要有：参与—体验模式、暗示—领悟模式、模仿—练习模式、传授—接收模式、引导—发现模式、自学—指导模式、欣赏—技能—情感"三位一体"模式等。如何发掘这些模式更深的内涵，怎样更好地应用这些模式，以及在教学实践中概括新的教学模式都是教学模式研究的课题。

（三）对教学法的研究

对教学法的研究包括很多内容，如对成熟教学法的规律探讨、推介和评述，研究和概括新的教学法，某种具体教学法的适应性和缺陷，在教学过程中选择某种教学法的根据，教学方法的改革等。

（四）教学内容的研究

教学内容是学生学习的主要对象，学生通过对教学内容的学习增长知识、增强能力、提高素质，因此，教学内容的取舍应当建立在科学研究的基础上。

（五）教学心理研究

教学心理尤其是学生接受心理的研究有助于改进教学，提高教学效果。教学心理研究当前应当关注的问题有：学生审美素质提高的规律、过程，有关的艺术方面的知识与能力的学习和掌握的规律，知识、能力的学习和掌握与素质提高之间的联系，学生之间学习效果差异的形成等问题。

四、加强科研队伍建设

任何一门学科的发展都离不开人，没有队伍的建设，学科的发展无从谈起。美育科研队伍主要由两部分组成：一部分是从事艺术教育的教师，他们利用业余时间进行科学研究，有丰富的感性经验，对艺术教育有很深的体会；另一部分是理论工作者，包括音乐学、美学等领域的理论工作者，他们以不同的角度，从理论上来研究艺术教育问题，给艺术教育研究提供了新的视角，带来新的气息。但是他们的研究涉及理论问题较多，涉及具体教学方面的问题较少。如果这两部分研究力量能够形成合力，将有助于艺术教育的研究，这就需要有组织地增强这两部分力量的合作，同时需要这两类研究人员相互取长补短，提高自己的科研素质。此外，应当通过各种措施保证科研经费，鼓励美育科研，不仅要使艺术教学工作者乐于进行科研，也应当吸引更多的相关学科研究人员从各自的角度对艺术教育进行深入研究，只有这样，美育科研才能真正地繁荣起来。

由于美育科研工作的科研内容既涉及理论，又涉及具体的教育管理和教学实践，而且它是一个多学科交叉的领域，因而它要求科研工作者有丰富的知识积累和较强的科研能力。同时要求科研工作者付出艰苦的努力，具有一定的牺牲精神。因此，美育科研工作者应当具有较高的综合素质。

（一）美育科研工作者应当具有坚定的理想信念

美育科研工作者应当具有坚定的理想信念，坚持社会主义、集体主义、爱国主义。教育是培养人的事业，艺术教育尤其着眼于培养青年学生健康的审美情趣和高尚的道德情操，其中包含强烈的导向性，正是这种价值导向决定了艺术教育的性质和发展方向。美育科研工作者对此应当有明确的意识，并且在科研中始终坚持正确的价值导向。

任何一种职业都要求从业者具有相应的职业道德，美育科研工作者也不例

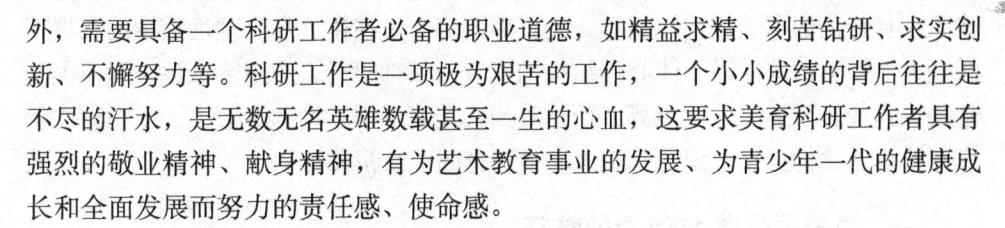

外，需要具备一个科研工作者必备的职业道德，如精益求精、刻苦钻研、求实创新、不懈努力等。科研工作是一项极为艰苦的工作，一个小小成绩的背后往往是不尽的汗水，是无数无名英雄数载甚至一生的心血，这要求美育科研工作者具有强烈的敬业精神、献身精神，有为艺术教育事业的发展、为青少年一代的健康成长和全面发展而努力的责任感、使命感。

（二）美育科研工作者要有丰富的知识积累和较强的科研能力

美育科研工作者的知识结构应当是球状的。其核心是教育学、艺术学，最贴近核心的一层是心理学、美学、社会学、史学，外围是其他相关学科，如计算机技术、传播学等。这里所说的球状的知识结构，并不是说要美育科研工作者对上述各学科具有精深的研究，而是指美育科研工作者应当对上述相关学科有一定的了解，从而使自己有限的学术修养处于一种应激状态，一触即发，使自己的研究具有一种圆融性、开阔性。目前，艺术教育科研工作者的知识结构往往偏于艺术学一端，这使美育科研具有深厚的艺术底蕴，但如果仅仅局限于此，那只是艺术学的研究，而不是审美教育的科研，美育科研的教育学性质决定了它首先是教育学的研究，应当着眼于教育。因此，提高人文素养、完善知识结构是美育科研工作者的当务之急。

（三）美育科研工作者还应当有较扎实的理论基础

一定的理论根基是进行学术研究的前提。"没有革命的理论就没有革命的实践"这句话同样适用于艺术教育的理论与实践，没有一定的理论基础难以对实践中提出的问题进行理论概括，也就难以使自己的研究成果具有理论深度和普遍性，无法对新的实践进行指导。所以，美育科研工作者一定要扎扎实实地打好理论功底。美育科研工作者还应当关注、了解艺术教育的实践。美育科研是为艺术教育实践服务的，脱离实践的科研不仅背离科研的目的，也难以得出符合实际的结论。

美育工作者的科研能力主要包括深入调查、掌握材料的能力、理论思维能力、写作能力等。能力的提高需要一个过程，一方面，要学习美育科研的一些具体方法，学会完成一个科研课题的具体步骤；另一方面，要在科研实践中提高自己对艺术教育实践所提出问题的敏感性和把握科研课题的能力。

第四节　中国现代美育理论的特征及价值意义

中国现代美育话语以西方美育思想的本土化和中国传统美育思想的现代化为基本原则，立足于自身所处的时代文化语境，在人性、人格与人生三个层面上构建了独具特色的本土现代性精神。其具体内容为：在树立科学理性精神的前提下激发人的审美欲求，以个体心理结构的完善为基础提升人的道德品性，以审美超越的方式构建高远的人生境界。而这对当代美育话语建设的价值在于：在树立美育话语体系建构自觉意识的基础上彰显美育的人文精神。

一、中国现代美育理论的特征

（一）人格的维度

中国现代美育话语不仅在"人性"的层面上提出了自身的本土现代性建设原则，而且在"人格"的层面上提出了自身的理论建设思路，从而构成了其本土现代性建设的另一个重要维度。"人性"与"人格"有着密切的关联，在很多时候都是融为一体的，而且从中国现代美育理论本身来看，对于"人性"与"人格"很多时候都是将两者当作同一概念使用。但从根本上说，"人性"与"人格"是两个不同的概念，以此为基点规引美育话语建设，会将美育精神引向不同的文化侧面。

所谓的"人性"，是指人类区别于动物的根本属性，是人类特有的一种"属人"的能力，它更多地倾向于从作为一个类群的"人"的角度来探讨人类独有的本质特征，是人自由的有意识的"类特性"。与"人性"的普遍性特征不同，"人格"带有浓重的个体化色彩，它是具有独立精神的"自我"的养成："具有自我意识、自我控制、自我创造能力的个人的内心活动的存在，即具有感觉、思维、情感、意志等机能并能自身统一的、处于活动过程中的主体。"从这个方面来说，"人格"所指向的是具有稳定心理结构、完整精神面貌的个体"自我"的建构和生成，这是更有具体性和实践性的一个维度，同时是对人的标准的更高要求。中国现代美育话语在这一要素所框定的观念场域也进行了详尽的探讨，从而展现出更为丰富多元的本土现代性精神。

中国现代美育话语在美育本体论建构方面最为人所熟知的莫过于它立足于康德哲学的基本框架而对美育的目的、性质等所作出的界定，这其中最有代表性的是王国维的言论："完全之人物，精神与身体必不可不为调和之发达。而精神之中又分为三部：智力、感情及意志是也。对此三者而有真善美之理想：真者智力之理想，美者感情之理想，善者意志之理想也。完全之人物，不可不备真善美之三德。欲达此理想，于是教育之事起。教育之事亦分为三部：智育、德育（即意育）、美育（即情育）是也。"依据康德哲学、美学的精神，美育在本质上应该是"情感教育"，它与智力教育、道德教育，共同搭建起教育的基本架构，由此形成智、意、情都完满发达的精神个体，而这正是所谓的完善之人格。关于这一点，很多著名的现代美育理论家都曾做过明确论述，如梁启超曾专门写过《孔子之人格》一文，在这篇文章中，梁启超指出，孔子的人格可以概括为智、仁、勇，而这分别对应的就是现代心理划分中的智、情、意，而孔子正是因为在这三个方面都达到了极高的程度，才造就了其伟大高尚的人格。丰子恺也曾说过："圆满的人格好比一个鼎，"真、善、美，好比鼎的三足。缺了一足，鼎就站不住。而三者之中，相互的关系表现为：'真''善'为'美'的基础。'美'是'真''善'的完成。'真''善'好比人体的骨骼，'美'好比人体的皮肉。"他还更加明确地指出："科学教育致知，道德教育励志，艺术教育陶情，完成圆满之人格，三者各有其任务。"可以说，人的智、情、意三大心理要素的完满与融合就意味着人格的完善，美育的最终目标就在于造成以人格的完善与发达为核心特点的"完全之人物"。所以，中国现代美育话语的本体论建构，在康德哲学、美学精神的指引之下，立足于人的个体心理结构的完善这一主导性任务，凸显出个体人格建构在现代美育中的地位和意义；而围绕"人格的完善"这一现代美育目标，中国现代美育话语又进行了更多具体性的思想拓展。

从社会心理学的角度来看，"人性"只有能力强弱之分，而无品质差别，我们可以说这个人的直觉能力强，那个人的直觉能力弱，但不能说这个人的直觉能力好，那个人的直觉能力坏；但"人格"则不同，人格有优劣之分，品质差别极其明显，崇高的人格与卑劣的人格在实践中有鲜明的品质分别。也正是由于这个原因，我们说"人格"有很强的道德特质，正如有学者所指出："不同人的人性虽然存在质量的区别，但不存在道德与不道德的区别，人们一般不会对一个人的人性做道德评价，但人们通常会对一个人的人格做道德评价""人格却不仅存在着正常不正常、健全不健全的问题，还存在着道德不道德、高尚不高尚的问题。"从这个方面来说，以"人格的完善"为主要目标取向的中国现代美育话语，就必然与现代中国人的道德品性提升有密切关联；而事实也的确如此，中国现代美育话语极其强调美育的道德价值，而这一行为之所以成为可能，主要是由于美育参与人的心理本体建构，由此而形成的完善人格，在其真善美的融合中显现出其天然的道德品性。

杜卫曾指出，中国现代美育理论在论述美育的德育价值时，主要是通过对"审美无功利"这一命题的本土化改造而实现的，即借审美的"超越性"和"普遍性"来作用于国人的"欲"和"情"，由此而达到以美育德的效果。这固然是中国现代美育话语强化自身德育价值的一个重要层面，但从人格完善的层面上凸显美育的德育价值同样值得重视。如前所述，"人格"与"人性"最大的不同在于其个体性，这也决定了它所内蕴的道德和理性都是具体而现实的。而对于道德和理性本身来说，抽象的观念法则却是其现实的存在方式。在这种矛盾的情况下，美育的意义就显现出来了：只有通过审美，抽象道德准则才能具体化为现实的人格精神，美育是道德法则由抽象上升到具体的必要中介，而这正是个体人格建构所必需的。正如王元骧所说："对于人格的塑造来说，仅凭知识的传授是难以奏效的，只有经过情感体验使理性认识进入人的内心，化为思想和灵魂，才会有助于人格的成长。"从这方面来说，杜卫一直强调和推崇的以感性化的方式实现教养的内化的中国传统心性美学原则，就并非仅具有手段性的意义，而是人格生成过程中的必然要求；缺少了审美的参与，道德就只是抽象的外在准则，而无法真正成为具体的人格精神，只有在美育的参与下，现实道德人格的生成才成为可能。同时，席勒的美学精神在中国现代美育话语的现代性营构中依然占有主导性地位。

（二）人生的维度

中国现代美育话语的"人生"维度，突出的是艺术、审美对现实人生所具有的超越性价值，它以承认人生的矛盾、对立、毁灭、苦难、失落、无望等为前提，它的审美精神是对人生矛盾、痛苦、不完美的艺术化超越及其达成的诗性和谐。在中国现代美育话语的观念语境中，现实的人生是残缺、不完美的，而艺术和审美却可以使人超越人生的不完美，而达于完满的诗性之境，所以，艺术和审美对于人生来说就具有了非同寻常的意义。这一思想在中国现代美育话语中有丰富的理论呈现，但在不同的理论家那里有各自不同的特点，由此而形成了多姿多彩的现代人生论美育话语。

具体来说，王国维强调的是艺术和审美对于人生苦痛的解脱作用，他曾说："人之有生，以欲望生也。欲望之将达也，有希望之快乐；不得达，则有失望之苦痛。然欲望之能达者一，而不能达者什佰，故人生之苦痛亦多矣。若胸中偶然无一欲望，则又有空虚之感乘之。"人生在世，时时受"欲"的控制，"欲"之不足，则痛苦；"欲"之满足，则无聊。那么，如何摆脱"欲"之苦？答曰：宗教和美术二者是也，"前者所以鼓国民之希望，后者所以供国民之慰藉"。因此，艺术和审美是使人摆脱"欲"之苦、获得心灵之慰藉的有效手段，人只有在艺术或审美中，才能获得心灵的安宁，艺术之于人生，其功效莫大焉。与王国维稍有不同，丰子恺更为强调的是艺术和审美在提升人生境界过程中的中介性和引领性作用。在丰子恺看来，人世是一个用利害得失织就的"关系"网，人在这网中生存，内心充满了"人生的苦闷"，而人无时无刻不渴望摆脱这"苦闷"，去拥抱那"生的欢喜"，于是就将眼光投向了艺术，用艺术和审美能力剪断这世间的"关系"网，使人"暂时脱离尘世"，而达于"绝缘"化了的灿烂世界，获得人生的慰藉；不仅如此，人也可以以艺术为踏板，进入人生最高之"三层楼"，由此而获得生命的终极意义和最终归依。可以说，王国维与丰子恺都强调通过艺术和审美来实现人生苦痛的解脱，倡导在艺术或宗教所造就的超越性世界中体味人生的意义，因此具有一定的"出世"色彩。与此不同的是，朱光潜、梁启超、宗白华等人更为强调用艺术来造就一种豁达的心境，以此来面对人生的惨淡或不完美，在现实的人生事业营构中成就积极刚健的诗性人生，因而具有明显的"出世"与"入世"相结合的色彩。朱光潜倡导"以出世的精神，做入世的事业"；梁启超推崇孔子"知其不可而为之"的精神，倡导"趣味主义"；宗白华倡导"艺术的人生态度"等，都是在立足于艺术和审美所具有的超越性作用的前提下，宣扬一种不计利害、不计结果而专注于事物自身的人生态度，由此而营造出更为高远和宏阔的人生境界，以此来实现人的艺术化生存，这也是金雅所概括的："以艺术介入人生，以审美提升人生，要求主体以美的艺术精神来观照与重构自己，在超越小我、大化化我的张力超越和自由升华中，实现并体味人生之诗意情韵和诗性本真。"

从理论生成的角度来看，中国现代美育话语的人生取向，其直接的理论根源依然是康德的"审美无功利"说，艺术和审美之所以具有超越现实的特性，其主要原因在于本身的"无功利性"，这一特性能使艺术与外在的利益世界发生决裂，从而带人进入更为宏阔自由的审美之境。因此，"无功利性"的审美和艺术成为由现实人生走向超越人生的有效通道，也正是在这个意义上，康德美学中原初意义上的以界定审美的基本性质为主要内容的认识论美学精神，在中国现代美育话语中被置换成了以现实化的人生态度或生存方式的营构为主要内容的人生论美学精神，"无功利"的审美由此而与现实的人生产生了关联。但是从另一角度来说，康德美学命题只是中国现代美育话语中的人生倾向产生的一个最表面性的激发要素，除了这个基本的显性要素外，其背后还有更为深层的隐性要素，只有从这个更为深层的隐性要素出发，才能窥见中国现代美育话语的人生倾向产生的深层理论动因及其更为深刻的精神意涵。具体来说，这个深层的隐性要素，指的就是20世纪初期的中国社会文化语境，而就目前的研究状况而言，学界对此显然是缺少关注的，因而有详细讨论的必要。从历史的事实来看，在19世纪末到20世纪初的中国，"意义"的失落是一个笼罩精神领域的核心问题。在当时的社会文化领域，随着封建政权的崩溃，中国延续了两千多年的传统文化系统逐渐失去了原有的统摄力，无法对人的生存意义作出令人信服的解释，"意义"的失落问题由此凸显，"意义"的重构成为最为迫切的时代文化问题。

从另一方面来说，中国现代思想家之所以认定"美育"这种文化形式能对现代人生的意义问题产生效用，主要还是得益于中国传统美学中古老的"人生论"传统。传统的中国人，尤其是知识分子，在人生的苦痛来临之时都可以在艺术和审美的浸润中获得超越和慰藉，因而，中国传统的艺术和美学，都是与现实的人生密切相关的，正如有学者所指出的："为人生而艺术，才是中国艺术的正统。"

可以说，中国传统美学中这一条以"人生"为主向的精神血脉在传统崩溃的情形下依然以一种隐性的方式规引着现代知识分子的文化选择，并对其理论精神产生潜在的影响。所以，我们可以说，中国现代美育话语的人生取向，是在传统社会文化大变革的情形下，为了应对"意义"的失落而提出的一种现代文化策略，传统社会的现代转型背景下特殊的文化语境才是其最现实的理论起点，正是在这一现实的文化需求的推动下，中国现代学术才在传统美学的启发下选择了美育，并以此为基础开启了对西方美学资源的本土化改造，由此而实现了现代历史文化语境、中国传统美学精神与西方现代学术资源三者的融合与创新。

（三）人性的维度

中国现代美育理论在谈论美育必要性的时候，有一个重要的现实依据，那就是人性需求。中国现代美育理论将审美作为最基本的人性本能之一，强调其获得满足的合法权益，由此而确立美育的合法性。关于这一点，很多学者都曾做过论述，例如梁启超就曾明确指出："审美本能，是我们人人都有的。但感觉器官不常用或不会用，久而久之，麻木了。一个人麻木，那人便成了没趣的人。一民族麻木，那民族便成了没趣的民族。美的作用，是把这种麻木状态恢复过来，令没趣变为有趣。换句话说，是把那渐渐坏掉了的爱美胃口，替他复原，令他常常吸收趣味的营养，以维持增进自己的生活康健。"与梁启超的看法相类似，丰子恺也认为，审美是人类的本能欲求："人欲有五：食欲，色欲，知欲，德欲，美欲是也。食色二欲为物质的，为人生根本二大欲。但人决不能仅此满足即止，必进而求其他精神的三大欲之满足。"因此，人不仅需要肉体的粮食，同时需要精神的"粮食"："人人都说'面包问题'是人生的大事。其实人生不单要吃，又要看；不单为嘴巴，又为眼睛；不单靠面包，又靠美术。面包是肉体的食粮，美术是精神的食粮。"并且"精神的粮食，有时更重于物质的粮食"。

除此之外，朱光潜也明确地提出要从人的天性满足和完善的角度来看待美育的必然性："理想的教育不是摧残一部分天性而去培养另一部分天性，以致造成畸形的发展；理想的教育是让天性中所有的潜蓄力量都得尽量发挥，所有的本能都得发展，以造成一个全人。"所以，"教育的目的在'启发'人性中所固有的求知、向好、爱美的本能，使它们尽量生展"。

可以说，审美的能力和需求存在于每一个人的本性中，但它在很多时候都处于潜在的状态，如果不对其进行教育或提升，它就有可能堕落为卑劣的趣味，从而使人性受到损害，变得残缺不全。因此，美育的首要任务，就是激活或满足人类天性中的爱美、求美的本能欲求，最大限度地激发出人性的潜在可能性，由此而造就出具有和谐健康人性的"全人"（朱光潜语）或"美术人"（梁启超语）。这就是中国现代美育话语中的"人性"建设维度，它是中国美育现代性建设的一个重要环节。

正是出于对美育在人性的和谐、健康与全面发展中的价值的认识,中国现代美育话语在当时以"科学""民主"为核心的社会启蒙大潮中才未迷失自己,而是自觉地以社会启蒙的同路人的角色进行自身的理论话语营构,由此而体现出其在现代性文化建构中的独特意义,而这最突出地表现在它对启蒙时期所倡导的科学理性精神所持的客观态度上。从当时的社会、现实状况来看,古老的中国背负了太多负面的东西,严重影响了其在现代进程中的前进步伐,的确需要一场科学的精神洗礼来涤荡其沉积千年的暮气,包括工具理性在内的科学理性在当时的中国都有现实的实施必要性,这是历史的需求,不容否认;但从另一角度来说,在当时的西方,随着科技的发展和物质生活水平的提高,科学理性的弊端已经显现出来,工具理性的过度张扬所导致的感性萎靡、人性分裂的现代文化问题已经为敏锐的西方现代美学家所感受到,并成为其理论构建的现实出发点。在此情况下,以西方现代美学观念为主要学术资源进行思想营构的中国现代美育话语对科学理性精神自然就保持了一份天然的警惕:一方面,它处于启蒙的文化语境中,深刻地感受到在中国倡导科学的必要性,认识到了科学的发展对于中国社会进步所具有的非同寻常的意义;另一方面,它从西方现代美育话语的生成语境与理论精神中窥见了科学理性的过度发展给人性带来的戕害,深切地意识到科学不能代表一切,审美和艺术自有其不可替代的巨大价值。在这种情况下,中国现代美育理论就走出了一条与西方完全不同的本土化道路:西方现代美育理论中以感性反抗理性而凸显感性地位的美育精神,在中国的现代美育理论中被置换成了以艺术和审美精神来弥补科学理性的不足,进而建立科学与艺术齐头并进的现代文化格局。例如,当时的蔡元培大声呼吁新文化运动不要忘了美育,梁启超在第一次世界大战后游历欧洲对于科学主义的反思,丰子恺对于艺术与科学之界限与区别的明确划分等,其目的就是建立起科学精神与审美精神并重、融合的现代中国文化理念,而这一观念行为最初的理论出发点,就是人性的完善与健全。可以这样说,西方的现代美育观念是在理性过度发展而扭曲人性的情形下,要求通过感性对于理性的反叛而实现对"理性至上"主义的遏制,最终确立的是人的"感性"的高扬;而中国现代美育观念则是在中国人精神萎靡麻木、思想愚昧迷信的情形下,大声呼吁启蒙变革,要求在树立科学理性精神的同时激发人们的审美本能,强调科学精神与审美精神的融合,由此而实现国人人性水平的总体提升,因而,"人性"之完善与圆融是中国现代美育话语的营构基点。这正如鲁迅所表达的态度,在其早期《科学史教篇》《文化偏至论》等文章中,鲁迅曾明确对物质主义、科学主义展开批判:"顾犹有不可忽者,为当防社会人于偏,日趋而之一极,精神渐失,则破灭亦随之。盖使举世惟知识之崇,人生必大归于枯寂,如是既久,则美上之感情漓,明敏之思想失,所谓科学,亦同趣于无有矣。"所以,在现实社会中,不仅需要牛顿,也需要莎士比亚;不仅要有达尔文,也要有贝多芬,唯其如此,才能"致人性于全,不使之偏倚,因以见今日之文明者也"。

可以说,中国现代美育话语是从最基本的人性本能需求出发来宣扬美育,将美育看成人性欲求满足的一项必需的手段,以此为基点对西方现代美育资源进行改造,倡导一种科学理性精神与艺术审美精神并重的现代美育理念,由此而生成了中国现代美育话语中具有基础性意义的"人性"建构层面,成为中国现代美育话语理论中一种独具特色的理论存在。当下学界很多学者所强调的中国现代美育话语的人本主义特征或"立人"精神,从本质上说都是以这一层面为基础来进行理论探索的。而从更为宏观的理论风貌来看,这一基本的"人性"建构层面也使得中国现代美育话语具有了浓郁的"人学"特征,它以人自身基本的欲求和本能为基础,倡导一种使人之成为人、凸显人的地位、人的价值和人的尊严的美育文化精神,并以此为精神武器对传统中国人的感性萎缩、理性缺失、愚昧麻木的"非人"状态展开攻击,从而使自身纳入了中国现代启蒙大潮中,成为极具现代中国文化特色的"人性启蒙"的美学化表达。所有这一切,都为中国现代美育话语抹上了一层浓郁的人道主义色彩,使其成为中国现代人文主义思想发展的一个重要历史阶段。

二、中国现代美育理论的价值意义

中国现代美育理论从自身所处的时代文化语境出发,以实现西方现代美育理论的本土化、中国传统美育理论的现代化为原则,积极吸收和改造西方、传统的美育资源,树立起人性、人格、人生这三个相互联系但又各有侧重的理论拓展路向,并沿此路向积极探索,取得了丰硕的理论成果。这是中国美育话语在立足于自身现代文化特性的基础上所进行的最初的体系建构尝试,有极强的开创性和示范性意义。中国当代的美育话语建设,也应该以此为参照,积极推进当代的美育话语体系建设。而从目前的研究情况来看,学界对于美育现代性的当代发展问题已经做了一些有价值的探讨,并且其中一些成果也契合了中国现代美育理论的基本理念,可以看作是中国现代美育话语的本土现代性精神在当代的新拓展。比如曾繁仁提出"生活的艺术家"概念,倡导现代社会中的人们用审美的态度来对待自然、社会和人自身,这是对现代美育话语中超越性人生态度的吸收,有很强的承续性意义。与此相类似,刘悦笛也提倡塑成"生活艺术家们",并以此为基础倡导"生活美育"。但从本质上来说,"生活美育"所遵循的是在"日常生活审美化"和消费主义观念的推动下高扬感性的路子,这与曾繁仁所提出的"生活的艺术家"有很大的不同;而且,在一个感性泛滥的时代,以"感性"为基础进行理论营构，需要着重考虑对感性的规引和约束问题，因为只有这样才能使美育免于沦为感性宣泄的工具。而从这方面来说，杜卫的观点起到了很好的修正作用。杜卫明确地将"感性教育"作为现代性美育的基本内容之一，同时又指出："美育要发展的感性不等同于本能欲望，也不仅限于感官活动，它不脱离肉体却又超越了生理层面，包含了精神的维度，因此，它是一个贯通了肉体和精神的个体性概念。"并在此基础上提出了"丰厚的感性"这一概念，这是对中国现代美育话语中人性维度的继承与拓展。与此同时，杜卫也对现代性美育在人格教育方面的意义做了总结，指出要借鉴儒家的"以深度体验的方式培养人格，使德性内在化"的教育方式。可以说，当下学界对中国现代美育话语的本土现代性精神的承接与改造还是很有成效的，是值得肯定的；但从另一方面来说，这些探讨所展现出的美育理论体系建构意识并不明显，除杜卫外，大多数研究者都只是在自身所认同的理论框架下拓展某一个单一的话语层面，而缺乏统揽全局的体系化意识。这对当代美育理论建设来说是远远不够的。所以，当代的美育思想建设，应该在体系建构的自觉性上下功夫，应该树立起自觉的理论体系建构意识，积极地将中国现代美育理论的三维结构融入其中，沿着当代文化语境所指引的方向不断开辟美育理论体系建设的新空间。

在整体的理论精神层面上，中国现代美育理论在其理论拓展过程中体现出了一种鲜明的人文精神，从而为其体系化营构增添了浓郁的现代性特色。

具体来说，所谓的"人文精神"，包含三个层面。

第一，对于"人之异于禽兽"、而为人所特有的文化教养的珍视。

第二，对于建立在个体精神原则基础上的人的尊严、人的感性生活，特别是每一个人自由地运用其理性的权利的珍视。

第三，对于建立在教养有素基础上的每一个人在情感和意志方面自由发展的珍视。

由此来看，中国现代美育理论在其本土现代性建构过程中所宣扬的人性激活、人格完善及人生超越等思想观念，都是在"人学"思想的指引下对人的理性、意志、教养、感性等要素的尊重和珍视，体现出的是一种典型的人文精神；从历史的角度看，这也是唯科学主义倾向的一个对立面，是中国现代人文精神发展的一个重要节点，有很强的阶段代表性。中国现代美育理论正是依靠自身在树立人文精神方面的巨大价值，才把自身与启蒙时代所凸显的"国民性"改造问题紧密地联系在一起，由此体现出美育在现代社会改造和民族复兴方面的不可替代性意义。所以，人文精神的建立和塑造，是美育确立自身在现代文化系统中地位的关键要素；当代的美育理论建构，除了必要的体系意识外，还必须注重自身与人文精神的关联。

进一步来说,当代的美育理论建设,需要凸显自身的"人文"价值,将人文精神的树立作为自身的核心任务加以强调,这是中国现代美育理论所提供的最直接的理论启示,而这一启示同时是与当代的文化发展需求密切相符的。客观地说,人文精神是宝贵的,没有它,中华民族的精神世界是不完整的,是片面的。市场经济越成熟,现代化科技越发达,就越需要人文精神的高扬,以起到对人生、社会的某种制衡作用。从20世纪中国文化的发展现实来看,人文精神却经常处于极端尴尬的境地:20世纪上半叶,真正意义上的中国现代人文精神建设刚刚起步,就被"救亡"的时代任务所打断;改革开放以后,随着政治环境相对放宽,人文精神呈现出昂扬的趋势,但好景不长,滚滚而来的商品经济大潮又将其挤到了时代的边缘;不仅如此,在知识分子群体内部,由于商品经济的冲击而产生了诸多质疑的声音,比如在20世纪90年代所进行的"人文精神大讨论"中,有相当一部分学者对人文精神持否定态度,提出了诸如中国未曾有过人文精神、"谈人文精神是堂吉诃德对着风车的狂吼"之类的批评和讥讽。可以说,在这一系列物质和精神力量的挤压下,人文精神在当代文化建设中逐渐蜷缩成了一个虚弱而苍白的口号,而中国的精神文明建设似乎也可以在没有人文精神同行的情形下"高歌猛进"。然而事实并非如此,在21世纪之初的文化场域中,道德沦丧、人性堕落、信仰失落、价值虚无、情色泛滥等一系列让人触目惊心的堕落现象成为广泛存在的事实,而这或多或少地与人文精神被否定或被架空有关。正是出于对人文精神空缺后所出现的一系列负面结果的认知和体察,党中央才在中国共产党第十八届中央委员会第三次全体会议上明确提出要"改进美育教学,提高学生审美和人文素养",明确地将"人文"建设与美育建设联系起来,为当代的美育理论营构指明了方向。而这一理念也与中国现代美育理论的核心精神不谋而合。

所以,美育理论建设应该在立足于当代语境的前提下,大力凸显自身的人文价值,大力吸取中国现代美育理论中的人文精神营构经验,由此推动以"人文"为核心的当代美育理论体系建设。

第二章　高校美育概述

第一节　高校美育的概念及内容

一、高校美育的概念

高校美育是指利用自然美、社会美、艺术美等美的形态对高校学生进行情感净化、性情陶冶，并提高学生感受美、鉴赏美、创造美的能力，培养其正确的审美观念、审美理想、审美情趣的教育。

（一）高校审美教育是高校人文素质教育的基本方面

人文素质教育的基础是哲学素质，包括世界观、人生观、价值观和方法论的取向，而审美素质是情感或感性层面的显现。审美素质是一种全方位的综合素质，它有自己不可替代的特殊内涵和要求。高校美育对人才的全面培养具有独特的作用。美育的功用在于"以美启真""以美储善""以美怡情"，也就是说，美育有利于智力结构和意志结构的建立，有利于科学和道德的发展，因而，美育是人的全面发展的必由之路。美育能促使学生发现真理、创造科学美；美育可以通过形象的感染和情感的激发，引导学生自觉地净化自己的心灵，遵守社会道德原则和行为规范；美育能使学生通过心神的情感体验，在沁人心脾的美的熏染中陶冶性情，发展审美能力。

（二）高校美育是教育境界化发展的需要

现代美育，已不单单是以往所说的"艺术教育"和"情感教育"，而是具有多元综合结构的性质。它涵盖对自然美、人的自身内容的教育，德育、智育、体育中美及美感方面的教育。高校学生美育主要是通过美的形象耳濡目染、潜移默化地感染、陶冶受教育者的性情，这种影响和作用，是说理教育和行为训练所不能达到的，因此，美育可以融化德育成为心灵之花，融化智育成为灵秀之美，融化体育成为健壮之美。

(三)高校美育是塑造完美人格的需要

首先,大学时期是学生世界观、人生观形成的关键时期,也是个体审美意识形成和发展的重要时期。其次,适时地对高校学生进行审美教育,对他们的影响是关键的、具有终生意义的。高校美育能使学生从内心中自愿接受美的熏陶,获得科学知识,接受美德教育,抵制不良思想和精神污染,以保持自身的尊严,完善人格的塑造。这种高尚人格在关键时刻能表现为跨越生死,不计个人得失的高尚行为。

二、高校美育内容

随着我国高等教育的深化改革,学校为受教育者提供了更自由的学术空间和更开放的学习氛围,学生选择学习内容的时间和空间的自主性明显加强,加上现代信息化社会的迅速发展,在大众文化的冲击下,学生会自觉地从各种渠道摄取有关美育的信息,而作为以美成人的审美教育的发展,亟须在审美教育目标的指引下,不断丰富发展教育内容,从而满足大学生日益发展的审美需求。

(一)美育内容的基本类型

在近年加强高校素质教育的整体形势下,美育对于培养大学生综合素质的重要作用逐渐得到人们的关注,美育的教育内容也得到了丰富和发展,越来越多的审美教育者开始探索符合理想人格要求、适应时代需要的新的美育内容,并且注重美育在高等教育中的理论研究和实践创新,这些对促进美育的不断发展起到了重要作用。当前美育教育分类主要有以下两种。

1. 按照教育范围分类

按照教育范围,美育分为家庭美育、社会美育和学校美育三个大类。其中家庭是人生的起点,也是美育的起点。家庭审美教育给予人的影响是基础性的和不可替代的。之所以如此,是因为家庭美育是建立在以血缘和亲情关系为纽带的家庭日常生活基础上的,而家庭日常生活的内容极为丰富、广泛、具体,并处处注入感情,对家庭成员尤其是孩子施加全面入微的深刻影响。家庭美育的主要对象是孩子,父母是家庭美育的天然教师。我们应该把家庭日常生活看作一种教育,从这里找到家庭美育实施的途径。社会是一个广阔的空间,为审美教育提供了丰富的素材。社会美育的领域极为广泛,影剧院的演出,电视、广播中的节目,音乐厅、展览馆、博物馆、文化宫、俱乐部、体育场、游泳池、图书馆,以及生活环境的美化,风景游览区的开发,名胜古迹的整修,还有商店橱窗的布置,路边广告的设计,这些都可以作为社会美育的工具和场所,成为社会美育的重要组成部分。海涅说:"在世间一切创造物中间没有比人的心灵更美、更好的东西了。"

人的内在世界的美、精神世界的美，即人的心灵美是最具重要意义的美，最富于光彩的美，是社会美的核心，是人类美的精髓。学校美育是对大学生进行人格养成教育的有效途径。基于学校本身"教书育人"的基本功能，在大学校园中通过实施美育来促进大学生理想人格养成和思想素质提升均有相对便利的环境条件。

2. 按照性质分类

按照美育内容性质不同美育可以划分为自然美育、艺术美育、人生美育三个大类。自然美是最原始也是最贴近人类生活的美，它蕴藏在大自然中。自然不仅为人类的生存发展提供基本的物质基础和环境，也是丰富人的精神生活使人获得美感的基本源泉。自从人类开始用审美的眼光来看待世界，大自然就成了人类的审美对象。只要我们身处大自然中，就能够陶冶于大自然的美，就可以受大自然的教育。而想要进一步欣赏自然美，真正实现自然美育，就必须了解自然美，提高对自然美的欣赏能力，培养学生热爱自然之情。艺术是艺术家借助一定的手段和方式对现实生活的典型性概括与反映，是艺术家创造性的劳动成果。艺术美来源于现实美，又高于现实美。艺术美育是现实美的凝练和集中，它包括音乐艺术美、美术艺术美、影视艺术美、文学艺术美和环境艺术美等。人生美育也是审美教育的重要组成部分，人有心灵美、形体美，有属于人与人之间的语言美、服饰美，有属于群体活动的环境美、人情美。人生美是指社会事物、社会现象、社会生活的美，它是美的最直接的存在形式，是现实生活美的最主要、最集中、最核心的一部分。人生美育主要是由人的思想、意识、情感，以及它们在人和自然的相互关系中体现而组成的。

（二）构建高校美育内容的基本思路

尽管多年来人们对美育的教育内容构建工作付出了很多努力，取得了相当的成绩，也总结了不少经验，但是，当前的美育内容在高校教育体系中仍处在一个有待发展的时期，不仅在实践中存在一些亟待解决的问题，在理论上也需要随着时代和高等教育的发展不断完善与创新。因此，新时期构建以美成人的美育教育内容不可能一蹴而就，需要根据教育目标的指引，选择、确立、设计教育内容并将其有机结合起来，形成具有科学性、系统性的教育内容体系。探讨美育内容整体构建的依据和规律，可以为内容的构建提供科学的指导。因此，构建以美成人的美育内容要遵循以下基本规律。

1. 尊重学生成长的规律

青年大学生群体正处在已经成年但又未完全成熟的人生关键阶段，其身心发展特征、规律与中小学生和社会成年人截然不同，因此，高校在设计审美教育的内容时应该尊重学生这一成长规律。一方面，要在对青年大学生人格形成和发展规律研究的基础上，从人的认知、情感、意志和行为四个层面入手，有针对性地选择和设计教育内容,以达到科学地、循序渐进地培育审美价值观的教育目的;另一方面,高校在设计教育内容时,要注重教育内容既要符合当代青年大学生自主性较强、个性开朗、思想求异等身心特点,又要符合大学生在思想、心理、行为等方面的成长规律。

2.尊重审美教育的规律

在审美教育过程中,教育目标的实现可以凭借自然美、社会美和艺术美等多种途径,而最基本的审美教育活动,主要通过审美接受与审美创造来实现其审美教育目标。因此,高校在设计教育内容时,要尊重审美教育的规律,教育内容要与审美接受的内在规定性相吻合,也就是要贴近大学生的审美需要,从而使受教育者(大学生)产生对于教育内容的认可,激发其内在的审美需求,形成对于审美的正确理解和强烈的审美意愿。审美创造是受教育者根据一定的审美理想,按照美的规律,运用不同的物质手段,自觉进行的审美实践活动。审美理想与社会现实的差异是审美创造的动力。审美教育要使受教育者认识审美理想的丰满,反思社会现实的不足,唤醒受教育者的创造欲望,帮助受教育者实现审美过程的形象性和情感性的内在统一,并赋予其情感以内在理性,从而使受教育者的审美创造实现从无意识到有意识、由自发到自觉的演变过程,收到水到渠成的教育功效。

3.尊重时代发展的规律

与过去相比,大学生的思想、心理和行为以及他们所处的学校、家庭与社会环境都发生了变化,并且正在发生巨变。改革开放40多年,随着中国经济体制改革和经济的快速发展,人们的思想观念和生活方式也处在一种快速多样的变化中,20世纪80年代到90年代出生的跨世纪的一代大学生,在世界经济一体化的大环境和网络"联通"世界的背景下,思想和生活方式被打上了深深的新时代的"烙印"。审美教育的内容能否做到尊重时代发展的规律不断改革创新、与时俱进,这直接决定了教育效果的好坏。构建新时期以美成人的美育内容要尊重时代发展的规律,这包括两层含义:一是要结合时代发展的需要创新教育内容,如加入传统文化审美教育、审美实践教育等;二是要赋予审美认知教育等传统内容以发展中的新的时代内涵。尊重时代发展的规律,就是要顺应时代发展,美育要随着时代的变迁与时俱进,在内容上要不断丰富和创新,使其成为为当代大学生喜闻乐见的内容,使他们更愿意接受、更乐于接受、更有兴趣接受。让美育内容的创新成为美育发展过程中的关键一环,这既符合美育内容发展的内在规律,也符合美育内容发展的时代要求。

(三)高校美育的教育内容

本书所构建的审美教育内容是以大学生人格养成为根本出发点和落脚点,从人的审美心理结构的基本规律出发,着重加强审美认知教育、审美理想教育和审美实践教育等方面的内容设计和实施。

1. 审美认知教育

理解审美认知教育的基本含义之前必须先弄清几个基本的概念。首先，认知是心理学家描述人的认识能力的概念，既包含一种动态性的加工过程（认识），也包含一种静态性的内容结构（知识）。对于认知的理解学者们还存在一些差异，代表性的观点有：陈菊先认为，认知（知识）的发展，说到底是结构的发展，是结构的不断扩展和螺旋上升的建构。张春兴认为，认知即认识、学习，是指个体经由意识活动对事物认识与理解的心理历程。从静态的角度看，认知即"知识"或"信念"。认知包括从低级的感知过程到复杂的言语及问题解决过程，它是个体知识经验积累的前提；个体在认知活动过程中获得的各种认知结构或图式，既成为其知识经验的一部分，也是人格及其他个体差异发展的基础。其次，"审美"一词来源于古希腊，原意为感性。18世纪德国哲学家鲍姆加登提出，用为美学之意。对于审美的内涵学术界也存在一些分歧，主要观点有：李泽厚认为，审美是人性总结构中有关人性情感的某种子结构。周燕认为，审美是一种与现实的非功利关系，使人在感性直观中享受精神上的愉悦和快感。但是都可以归结到审美是一种情感活动，是一种认知活动。审美认知是指在已有的审美认知图式下对审美情境中与审美主体产生审美关系的客体的欣赏和认知，包括感知、判断、推测和评价在内的审美心理活动，而不仅仅局限或等同于其中的某一过程。

综上所述，审美认知教育实际上是对于审美活动中的认知过程和接受过程的教育实施，是对美的信息进行输入、编码、转化、储存、提取、运用的加工活动。从审美心理学的角度来看，审美认知教育促使受教育者形成审美心理认知结构。这一结构是审美个体在审美活动中形成的，并对未来的审美活动起着支配作用。在审美教育活动中，主要包括对于审美理论知识的把握了解，对于审美信息的加工和处理，以及审美活动心理机制的控制与把握。审美认知教育是个体进行审美活动的重要环节，是获得和运用加工审美信息的内部心理活动，对于形成正确的审美感受和审美意识具有重要作用。因此，在具体的教育过程中，笔者认为在原有的审美教育活动的前提下，应注重以下几方面的设计实施。

第一，要注重系列性、层次性的审美基础知识教育。当前，高校开设的审美教育课程及活动主要集中于艺术教育环节，并且大多数教育内容集中于专业类的审美技能的提升和发展，并未摆脱以智育为衡量标准的基本思路。一般情况下，高校以审美为主要内容的课程包括以艺术专业为基准的必修课程以及以非艺术专业为基准的选修课程。实际上，审美教育内容应与艺术教育、美学教育有所区别。审美教育不仅侧重美学基本理论的灌输与讲解，而且要将美学原理与日常的审美鉴赏有机结合起来，构成多种类型、多层次的系列内容，进而普及审美教育的基本理论，促进学生审美素养的提升。首先，通过知识的讲授，使学生先理解何为美、何为审美，以及为什么要审美、怎样审美等一系列基本问题，为日常的审美鉴赏提供指导；其次，进行审美的生活性感知，通过进行具体的艺术欣赏、各种艺术门类的接触了解，以及在日常生活中的审美批判，综合性了解绘画、雕塑、影视、戏剧、建筑、音乐、舞蹈、戏剧等不同艺术的审美特质；最后，将审美教育渗透到各门类科学的教育活动中，并充分提升自然美、社会美、科学美等审美对象的教育内容，再将教育内容统一到人格的审美中。

  第二，注重对于悲剧与喜剧、丑与荒诞等审美形式的辨明。在进入后现代主义时期，传统的悲剧、喜剧中"崇高"和"优美"的审美倾向在大众文化的冲击下已经不再是大学生仅有的美学视野。受西方现代学派等思潮的影响，"丑"与"荒诞"等新的审美形式越来越受到当代大学生的关注。因此，在日常的审美认知教育中，对于悲剧与喜剧、荒诞与丑等审美形式的辨明，也应当是教育内容的一个重要环节。这些样式的审美形态以各自不同的样式，从多维的角度刺激审美对象——大学生的感觉和情感，从而对他们产生作用，影响他们的人格发展。例如，悲剧能够借助引起人们的怜悯和恐惧之情来使人们的灵魂得到净化和陶冶。这是由于悲剧主人公遭受的痛苦并不是由于他的罪恶，而是由于他的某种过失或者缺点，因此，他的遭遇会引起我们的同情与怜悯，特别是他是和我们相似的凡夫俗子，这又会使我们担心自己会由于同样的错误或者缺点而受到惩罚，由此就产生了强烈的恐惧和不安。悲剧有不幸，有死亡，但它的本质却是崇高性、壮丽性、英雄性。那种英勇不屈的品格，激烈悲壮的境遇使人们的崇敬之情油然而生，激发起努力向上的意识。在崇高与悲剧精神感召下，人们胸襟开阔，摆脱低级、庸俗的趣味，使生存质量不断得以改善。喜剧相对悲剧给人以不同的审美体验，它往往带给人的是轻松感、愉悦感。喜剧先制造一种紧张，又使之在不付出主体代价的前提下得到解除，先惊后喜，由知觉想象到理解顿悟，感情的变化迅速，期间没有心灵的痛苦。人们在喜剧氛围中，压力被缓解，情绪得到放松，心理达到缓和，精神得以休息。对于常处于紧张心境的人来说，这是一种极好的心理补偿。喜剧欣赏要求清醒理智的审美观照，机敏地发现其不协调的喜剧性，顿悟其喜剧意义，反思人类社会及人类自身的丑恶、缺陷和弱点，发现其反常、不协调等可笑之处，从而锻炼、提高欣赏者的机智敏锐的审美判断能力，实现对自我与现实的超越。喜剧教育更利于培养人们幽默的审美心理、豁达的人生态度，幽默的乐观精神使人对某些令人尴尬的境遇、失误付之一笑，会在生活的波折面前泰然处之，可以清醒坦然地超越当下的矛盾与不足。

  丑本来包容于原始人的宗教活动，表现的内容是对于神秘世界的恐惧，产生的基础是主体尚处于蒙昧状态，自我意识没有充分觉醒。丑看起来不顺眼，违反我们对秩序与和谐的爱好，因此会引起厌恶。荒诞是指在人的实践活动中，由于认识上的高度的局限性而导致人的行动的盲目，本质的扭曲和异化，丧失一切价值的非理性和异化的审美形态。现代派戏剧《等待戈多》就是这样一部兼容丑和荒诞的戏剧，剧中唯一的主人公戈多滑稽可笑的徒劳等待，表现了人们悲惨无奈的生存处境，既令人啼笑皆非，又发人深省，使人在对主人公命运的"哀其不幸，怒其不争"中，不由自主地联想到自身的处境，进而寻求改变现实的出路。荒诞感的笑不是开心的笑、乐观的笑、有希望的笑，而是无可奈何的笑、不置可否的笑、苦不堪言的笑。

丑和荒诞往往具有深刻的意味，荒诞艺术促使人们从麻木、平庸的生活中猛然醒悟，深刻意识到生存环境的荒诞，它以非人化的人物形象表现人的尊严、价值的丧失，成就了"作为人而成为人"的价值要求。从对丑与荒诞的感受中生发出摆脱丑与荒诞的愿望，在抑丑扬美的审美理想指导下投身于审美创造实践中，用自己的行动去创造美好的世界。

第三，加强对于民族传统文化的审美引导。按照荣格的集体无意识理论，不同民族、不同国家有不同的文化心理，即不同的人格特质。中华民族优秀的传统文化，博大精深、源远流长，极具社会美和人情美的代表性元素。人类历史上曾有过四大古文明，分别是古巴比伦文明、古埃及文明、古印度文明、中华文明，其他文明都曾中断过，有的文明几近消失，唯有中华文明从未中断，这说明中华民族的传统文化极富合理性，有深厚的底蕴和强大的生命力。中国优秀的传统文化是中华民族屹立于世界民族之林的基石，是中华民族劳动人民道德智慧的结晶，是中华民族的巨大财富和不竭精神动力，是无数中华儿女坚强的信念支柱。

人格养成的先在性与历史继承性要求审美教育应该具有优秀民族文化元素。可以说，只有具备了鲜明民族意识的审美教育才是真正意义的审美教育，继承了优秀传统文化因素的审美教育才更具审美价值。近年来，国家对民族传统文化重要意义的认识逐步加深，开始深入挖掘民族传统文化的巨大价值。一些怀有深刻爱国情怀的学者也自觉地把弘扬传统民族文化作为己任，于丹的《〈论语〉心得》《〈庄子〉心得》很好地实现了《论语》和《庄子》的大众化传播。近年流行的"国学热"说明人们在向传统文化回归。有学者曾将中华民族传统总结为八大精神，分别是讲道德重教化的德为先精神，为民族重整体的国为本精神，行仁政重正民的民为重精神，尚志向重气节的人格精神，讲和谐重合群的和为贵精神，观其行重自律的修身精神，讲诚实守信用的诚信精神，尚礼让讲勤俭的节俭精神。可见，中华民族优秀传统文化是值得珍视的思想精神财富，肯定中国传统文化的教育价值，弘扬优秀文化传统，是大学生理想人格教育的重要内容。

2. 审美情感教育

从概念上讲，审美情感是指审美主体对于美的各种意识形式的情感表现和内在心理表现，审美情感教育包括审美关爱教育、审美理想教育和审美修养教育等。在审美活动中，审美情感产生于主体的审美实践中，而又引导、规范主体的审美实践活动。在以美成人的审美教育活动中，应注重以下几方面教育内容。

第一，审美关爱教育。一般来说，人的基本需要大致分为物质需要和精神需要。审美情感是在审美活动中自觉获得的内在心理感受，审美关爱教育与一般的审美认知教育不同，它并不与实用功利的目的直接联系在一起，注重的是人格本身与审美情感的内在契合。在审美关爱教育中，最为重要的是教当代大学生学会关爱、学会真诚，建构人格中中国传统文化所特有的"仁"的特质。

长期以来，由于各种社会思潮的影响，以及高等教育改革中产生的一些矛盾尚未解决，当代大学生人格发展过程中，实用性和功利性的追求得到了部分学生的价值认可。而在我们现行的教育内容中，关爱、真诚的教育往往受到了忽略。当前，不少青年学生由于是独生子女，过多地以自我为中心，过多地关注自我得失，忽视他人的情感，在人际交往方面产生了不少困惑与问题。归结这一问题产生的原因，缺少审美情感的教育是一个重要方面。由于家庭、学校缺乏对于学生关爱、真诚的教育影响，学生在日常行为中缺少对于审美情感的关注，没有形成对关爱、真诚等重要审美情感的重视。从一些高校的审美教育来看，培养青年大学生的审美情感并不难，关键在于高校美育的发展和建设。当前不少高校倡导和组织志愿服务活动，如定期开展敬老助残活动、社区服务活动、爱心募捐活动等，这既是一种有效的德育手段，也是培养当代大学生审美情感的重要方式。当然，除此之外，高校还可以通过美育课堂的教育、校园文化环境的熏陶、校园文化活动的引导，帮助大学生形成健康的人格。因此，在大学生的人格养成教育中，以审美情感的熏陶和培育为目的，通过开展丰富多彩的关爱教育活动，使他们学会对他人的体恤和关爱，在家庭关爱自己的亲人，在学校与人真诚相处，尊重教师、帮助同学、关心集体，形成高尚的道德品质、良好的行为习惯和主动的团队合作意识。长此以往，学生能够自觉形成积极的情感体验，具备关爱的意识，懂得关爱身边的人和事，这对于完善大学生自我人格品质具有重要意义。

第二，审美理想教育。审美理想是审美意识中居于最高层次的审美范畴。在艺术活动中，审美理想得到了充分、集中的体现，它是在审美的经验基础上产生的，并且是这种经验的高度概括。审美理想产生于社会实践中，人的全部社会活动，从一定意义上说，就是不断地认识现实、产生理想并实现理想的过程，人的审美理想就产生于这个过程中。作为审美经验的凝结与升华，审美理想与一般的社会理想、观念又有所不同，而且是有经验性的形象特征，非逻辑概念所能涵盖或替代。但是，要充分表现审美理想，使审美理想"物质化"，变成任何其他人都可以接受的东西，那只有借助于透视审美理想的"棱镜"来反映现实的艺术才能实现。

审美理想在人的认知活动中发挥着极为重要的引导与推动作用，对美的坚信与追寻是许多重大科学发明的基本动力。比如，哥白尼提出的令世人震惊的"日心说"，在一定程度上就是源于对科学美的追求，尤其是受毕达哥拉斯派提出的圆（球体）是最美的图形、宇宙是球体等美学思想的影响。这种影响的有力解读者是伟大的科学家爱因斯坦，他曾明确指出在从事科学活动时："所有这些努力所依据的是相信存在应该有一个完全和谐的结构。今天我们比以往任何时候都更没有理由容许我们自己被迫放弃这个奇妙的信念。"审美理想并不是表现出来的逻辑形态，而是深藏于审美主体内心的审美经验和艺术直觉。康德认为，审美理想是审美主体的先验条件，为审美活动提供了标准和条件，是审美活动发生的重要前提条件，是审美活动的基础和前提。因此，审美理想也会对认识活动产生重要影响，因为审美认知是以审美理想为恒定的认知标准和尺度。因此，树立正确的、积极向上的审美理想，对于当代大学生人格养成有极其重要的作用，它使认知活动指向理想人格，以理想人格提供的标准和条件为前提来建构大学生的人格。

第三，审美修养教育。修养一般指个体的自我锻炼、自我培养，以及在此基础上形成的各种能力和品质。审美修养教育是在审美教育中有意识地促进受教育者审美心理结构的自我完善和发展，也就是实现审美他育到审美自育的转变。从这个意义上讲，审美修养教育是审美教育的一个极为重要的目标。在我国，审美修养教育有深厚的文化基础和现实意义，我国古代很多美学思想家从不同方面阐述了以审美教育的理念引导个人构建多方面修养的重要作用。比如，孔子曾提出"修己以教人""修己以安人""修己以安百姓""文质彬彬，然后君子"等重要思想，把内在修养与外在举止的统一作为理想人格的基本特征。又如，蔡元培先生的"以美育代宗教"思想，高尔基提出的"美学是未来的伦理学"等，都是对审美修养教育的强调。

在审美情感教育过程中，教师要引导学生注重自己的自我形象修养、内在气质修养，帮助学生慢慢认同正确的审美修养标准，并自觉地以这一标准来要求自己，逐渐具有人格的审美影响力。对于审美修养来说，这一教育与德育的区别在于，它不是依靠强制的手段和反复的灌输来为学生树立某种标准，而是尊重学生的个性特征，注重强调氛围的熏陶和影响，引导学生对于自我修养的主动性，以美的标准来促使学生从内心深处主动提升个人修养，并使自身的改变不断地通过气质魅力散发出来，从而得到大家的充分尊重。

终极意义的审美情感教育应该帮助人们达到一种和谐的状态，是促使人不断积极追求,最后体现人找回"人的本性"的过程。古希腊的克吕西普说:"人体的美就是构成相互间关系以及对整体关系的各部分之间的对称,而心灵的美则是精神以其对整体关系和相互关系的各种因素的对称。"

3. 审美实践教育

审美实践教育可以有效地促进感性发展,实现审美情感教育,从而促进完整人格的形成。感性既指向艺术,又指向现实,美育以感性为起点,实现价值生成。在当代社会,人越来越生活在数字与图像的包围中,审美感官的迟钝及感知对象的非真实性,成为影响人全面发展的重大问题。作为感性教育的审美教育,其首要任务就是培养人对外部世界的感知能力,即整个身体与对象世界的相融。这种教育目标虽然看似低级,但对人的全面发展却是奠基性的。感性发展包含两个层次,既包括感性要求的满足与解放,又包括感性的提升与塑造。审美实践教育也包括审美体验和审美创造等环节,一般由主体的审美体验和审美创造等环节组成。审美实践是通过人的自主性实践,逐渐体会人的自由自觉对美的创造,并将美的内涵集中、直接地体现出来。审美实践教育是功利与超功利的统一与结合,它既内合于美的无功利性,又指向人格养成这一功利性目标。

社会美是审美实践的重要环节。一般来说,人的生命首先是一种自然生命力,生命的存在与运动使人具有自然的需要和欲望。

然而,在人类漫长的进化过程中,人的感性生命在社会实践中不断受到理性的规范,并逐步积淀社会文化内容,这使人的感性生命有了新的内涵。可以说,真正的人的感性能力应该是作为社会人的感性能力,即渗透着认知力、理解力、判断力等理性要素的感性能力。

美育是以审美形式解放人的感性因素,并使之得到适当释放和文化提升的过程,从而达到激发深层心理活动中的非理性因素的目的,使之保持旺盛的活力。在美育实践中要注意到感性发展的这两个层次,既要满足学生基本的感性需要,又要在此基础上使学生的感性能力得到提升。感性需要的满足是提升学生感性能力的基础,感性能力的提升又会进一步使学生获得更高层次的感性满足,这两方面是互相渗透、互相促进的。目前的美育实践偏重于知识技能教学,忽视学生的审美需要、兴趣和个性,学生的感性需要无法得到满足,也就很难提高学生的感性能力。既然学生的需要无法在学校美育中得到满足,学生自然会把注意力投向校外,更多地受到大众美育的影响。因为学生缺乏感性能力,难以抵抗大众美育的一些消极因素的影响,会逐渐沉溺于感性世界,过度强调个人主观情感的宣泄,追求单纯的感官刺激,从而失去了原本对自然、艺术和人生的理性思考与把握。

美育实践以发展学生的感性能力为首任,因此,在教育过程中既要尊重和发展学生的个性，又要以直观的审美形式为依托。这是因为感性寓于个性之中，没有个性也就没有了感性，而富于意蕴的直观形式能够给人的感性因素提供自由表现的机会，事实上也就赋予感性以充分发展的权利和条件。所以，笔者认为，美育实践中促进感性发展要做到以下三个方面。

首先，尊重和培养个性。不脱离感性，也就是不脱离现实生活和历史具体的个体，这一点在美育中非常重要。因为感性见于个性中，尊重感性就意味着尊重学生的个性，发展学生的个性，这是美育作为感性教育的最基本、最关键的宗旨。一般而言，严格意义上尊重个性、建构个性并强化个性的本体意义的教育，当首推审美教育。尽管德育也提倡个性化教育，但是任何一个严谨的教育学者都要承认，德育在本体性上是建立某种普遍的道德伦理规范，在德育中的"个性"只具有方法论意义。在智育中，个体对这个世界的各种好奇探究的眼光从根本上受到某种尊重和保护，但是不管他们以何种个性化的方式来把握这个世界，最终这些体验都必须靠拢、贴近、化归于某一真理性知识。审美作为感性的活动不仅在审美对象方面要求是个别的、具体的且生动的存在，在审美主体方面也是极力推崇个性的眼光、个性的感受、个性的体验与个性的直觉与洞察。审美不仅期待着个性，而且造就个性、生成个性，没有个性也就没有审美，也就没有审美教育。

其次，尊重学生感性需要，完善学生感性机能。人的感性机能主要包括感觉、知觉、情感、想象等，它们在审美、艺术活动中发挥着重要作用。人的感性机能既包括感官层面的机能，也包括情感体验层面的机能，这种感性机能以情感为核心，但又不止于情感。这是因为感性是一个贯通了肉体和精神的个体性概念，它包含生理和心理两个层面。感性教育固然以心理机能的完善为核心，但是生理机能的完善也不容忽视。人的一切活动都要以一定的生理机能为基础，在审美、艺术活动中也是如此。因此，在人的审美和艺术活动中，要重视学生的感性需要，关注作为感性活动基础的生理机能，对个体的人格、人性进行整体性观照。

最后，运用直观的审美创造影响学生的观念意识，形成良好的审美趣味和审美观念。感性教育以把握对象内蕴为归宿，而不是以逻辑结论为主旨，这是一种生机勃勃的面对对象的领悟理解。然而，在智育统领一切的教育传统下，人们往往习惯了以概念、推理等形式来认识世界，容易忽略通过实践、体验等直观形式来把握世界。其实，直观形式得到的观念意识往往比概念形式中的观念意识更丰富，而且对人的心灵产生更加深入细致的影响。尤其是在人们几乎单一地以理性来认识世界的情况下，我们更需要发展人类的感性，更需要发挥直观的作用。从这个意义上来说，美育是一种感性教育。

第二节　高校美育的目标及原则

一、现代高校美育目标

（一）美育目标的一般构成

在任何一项教育中，教育目标是指对学生学习结果的预期与设想。教育目标既是教育出发点，也是教育的最终归宿。根据美国心理学家、教育学家布卢姆的教育目标分类理论，每一种教育思想都会产生一种潜在的教育目标，教育目标能够反映出教育过程中学生在认知、情感、思想、行为等方面的变化。在具体的教育实践中，通过对学生或受教育者的观察和测量，并将其所反映的特征加以分类总结，可以作为教学实施与教学评价的有效依据。通过教育目标的实施可以准确地实现其教育思想。以美成人的美育，作为高等教育的一个有机组成部分，同样具有鲜明的目的性，需要有明确的目标定位来确保美育对于学生的教育质量和培养产生完美人格的根本指向。

美育作为教育的有机组成部分，从发展的历程上看，在我国有悠久的历史，最早可以追溯到先秦时期。在美育发展过程中，美育目标在相当程度上体现着国家和教育者的需要，在很大范围内受到了社会政治、经济、文化等多种因素的影响。民国时期，蔡元培等人倡导美育的发展，强调美育既要继承我国礼乐教化的传统，又要着重汲取西方近代教育的哲学思想，加以融会贯通。从20世纪80年代初开始，随着教育改革的不断深入，全面发展教育方针逐步确立，美育在人才培养中的重要作用受到广泛重视，特别是1983年中华美学学会第二届年会提出要建立具有中国特色的美育学科后，美育进入了一个新的发展阶段，如何科学地构建美育目标开始成为学界研究的重要课题。对于美育目标的构成及内涵，至今在学界并未形成统一的标准，我国美育理论研究者从不同层面进行了论述。曾繁仁从理论层面对美育的根本目标进行了论述，他认为美育是培养"生活的艺术家"，使广大人民特别是青少年一代以审美的态度对待自然、社会、他人和自身，做到"诗意地栖居"。杜卫认为审美主要涉及人的生存的情感维度，因而，美育的功能可以直接指向人的生存质量和人格素质的提高。此外，在美育实践研究方面，赵伶俐从学校教育的本体出发，深入探讨了整个学校的美育和各教育阶段的美育目标体系、内容体系、教材体系，提出了高校美育的目标分类。张燕、顾建华等学者对大学美育课程的基本目标进行了专门探讨，张燕在《大学美育教学模式和教材体系研究》一文中认为，普通高校的美育目标理应定位于着力提升大学生的思想道德素质、文化素质和心理素质，引导大学生形成积极的人生观、科学的世界观和文明的道德观，成为一个有理想、有抱负、有事业心、有责任感、有创造思维、热爱生活、有高尚情操、有健全人格、自尊并且尊重他人、富有爱心的人。培养和塑造人文精神是大学美育的唯一目标。

总的来看，美育作为一个学科的研究还处于初始阶段，当前学界对于美育目标的论述尚未形成一个统一的标准。但是，尽管学者们对于美育目标有着不同的理解，尽管美育目标的内涵及名称纷繁复杂，美育目标都与教育目标一样，是一个连续的整体，教育目标中的教学目标、教育目标和远景目标三个层次在美育目标中也有具体的体现，只不过美育目标有其独特性。美育目标实质上是根据社会对教育的根本需要，对受教育者个体在审美教育领域进行教育的预期效果和整体设想。一般来说，美育目标可以分为价值目标和终极目标两个层次。

1. 价值目标

在美育目标体系中，价值目标可以定义为人们进行某项活动的总目的。相比美育终极目标，价值目标显示出现实性特点，具有一定的可操作性，可以指导阶段性教育和具体的教育评价。这类目标主要在整个目标体系中起到承上启下的作用，它是终极目标的具体化（承上），也指导具体美育目标的制定（启下）。从某种程度上看，美育的价值目标更多体现为现实性的功利目标，是基于人的基本需求而进行的。例如当前美育的一个基本目标就是通过审美教育使得个人素质、技能得到提高，在生活和工作中占有更大的优势，因而，这样的目标是以明显的成效来衡量的。再如通过美学专业课的学习，实现对美学知识体系系统掌握的价值目标；通过参加音乐、美术、舞蹈等艺术课程的学习，实现掌握一门艺术技能或提高艺术鉴赏力的价值目标；通过到大自然或人文景观的游览，领略自然的雄伟壮丽和人类的巧夺天工，从而发出对自然的讴歌和对生命的礼赞。美育的价值目标从某种程度上就是美育的现实性目标，是当下经过规划和实施可以实现的美育境界。

2. 终极目标

相比价值目标而言，终极目标实际上是最高目标，审美教育的终极目标就是要建构精神人格完整的人。正如《社会本体论》中所说："创造着具有人的本质的这种全部丰富性的人，创造着具有丰富的、全面而深刻的感觉的人作为这个社会的恒久的现实。"可以说，美育的终极目标始终是对人的生存意义的关注，是以人的自由和全面发展为终极目的。改革开放以来，我国人民的物质生活和经济条件发生了翻天覆地的变化，这是科学技术和功利性给我们带来的有利之处，但

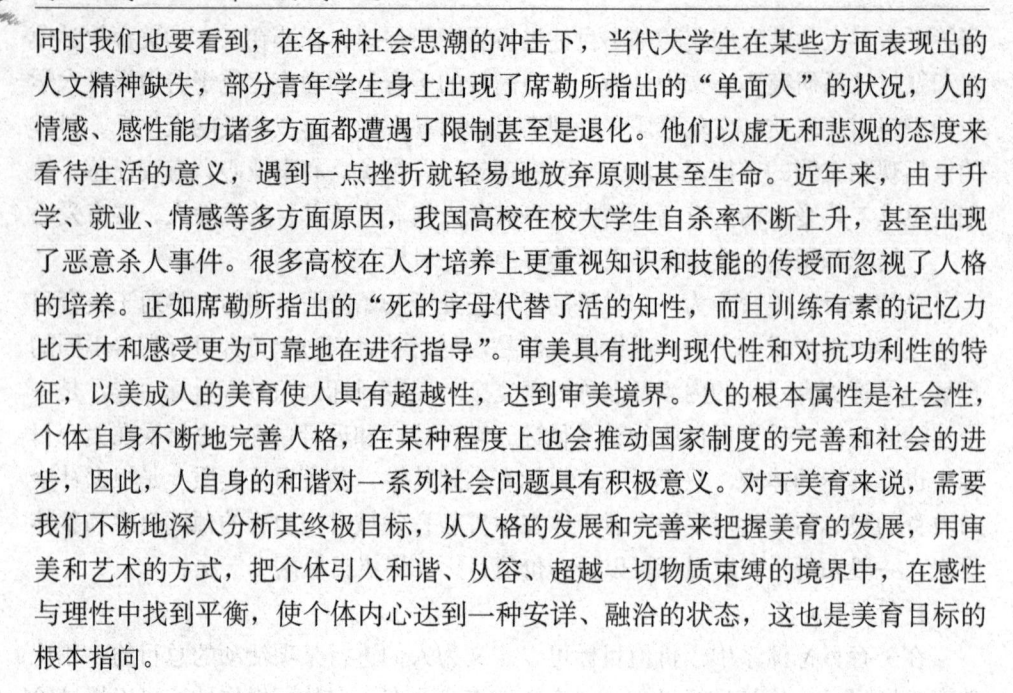

同时我们也要看到，在各种社会思潮的冲击下，当代大学生在某些方面表现出的人文精神缺失，部分青年学生身上出现了席勒所指出的"单面人"的状况，人的情感、感性能力诸多方面都遭遇了限制甚至是退化。他们以虚无和悲观的态度来看待生活的意义，遇到一点挫折就轻易地放弃原则甚至生命。近年来，由于升学、就业、情感等多方面原因，我国高校在校大学生自杀率不断上升，甚至出现了恶意杀人事件。很多高校在人才培养上更重视知识和技能的传授而忽视了人格的培养。正如席勒所指出的"死的字母代替了活的知性，而且训练有素的记忆力比天才和感受更为可靠地在进行指导"。审美具有批判现代性和对抗功利性的特征，以美成人的美育使人具有超越性，达到审美境界。人的根本属性是社会性，个体自身不断地完善人格，在某种程度上也会推动国家制度的完善和社会的进步，因此，人自身的和谐对一系列社会问题具有积极意义。对于美育来说，需要我们不断地深入分析其终极目标，从人格的发展和完善来把握美育的发展，用审美和艺术的方式，把个体引入和谐、从容、超越一切物质束缚的境界中，在感性与理性中找到平衡，使个体内心达到一种安详、融洽的状态，这也是美育目标的根本指向。

（二）现代高效美育目标

1. 高校美育目标

实施以美成人的高校美育，指出了当前高校美育目标的基本定位，即始终针对纯粹的唯理性主义和物质主义的突破，始终坚持促进人的全面发展和美好生存。与此同时，完善人格的培养从另一方面提出了高校美育的总体目标，即始终围绕大学生人格养成、大学生人格完善而进行美育目标的选择设计，这是新时期确定美育目标的主要依据。针对新时期大学生人格具有人文关怀、积极乐观、独立和谐、开朗热情、创新洒脱等特质，高校美育目标应由以下三个维度的子目标建构而成。

目标一：提升学生的审美需要层次，旨在强调审美教育要关注学生的生活和审美认知的内在动机。学生的审美心理是自主建构的，而不是通过"灌输"形成的，如果在审美教育中忽视学生的自主性，没有充分重视学生的审美意识的自由发展，提升学生的内在审美需要，学生的内在审美人格无法建立。

目标二：培养学生全面的审美情感和审美判断，协调学生人格中感性、理性等要素共同发展，并形成有机的项目联系，旨在强调审美教育在协调学生人格发展中的现实作用。既然审美教育不是通过"灌输"来影响人格的完善，那么发展学生的审美情感和审美选择就是一项基本的目标设定。

目标三：引导学生形成稳定化、普遍化的理想人格结构，逐步促使适应当前社会发展的时代人格品质的形成与确立，这既是审美需要层次提升的结果，也是

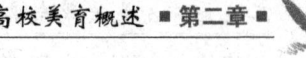

审美判断和审美情感处于高级阶段的确证。

2. 高校美育目标的具体实施

教育学认为，任何一种教育目标的设计和实施都有一定的原则和要求。笔者认为，美育目标在具体实施过程中，仍需要遵循学生审美的一般认识规律和接受规律，从学生的审美心理出发，循序渐进地进行审美教育。具体来说，在审美教育过程中要从以下几个方面着手。

（1）培养大学生的审美感受力、判断力和创造力

逻辑思维、形象思维和直觉思维是人类最基本的三种思维方式，形象思维与逻辑思维直接关系着人们在实践中的创造性发挥。由于美育具有鲜明的形象性、愉悦性、情感性等特点，它能够充分促进大学生个体的直觉及形象思维能力的发展，进而提升个人的综合素质。尽管美育目标最低的层次是满足人的功利需求，但在实践中也需要通过对审美对象的外在感性形式进行直觉感悟和审美评价，逐渐激发个体的直觉和感性思维，不断培育个体的想象力和创造力。在长期实践中，要不断引导大学生感知美、欣赏美，在体验美的过程中形成发散思维和对美的判断力，促使自身的创造力得到潜移默化的提升。例如，一本好书塑造的感人形象可以唤起大学生内心的激情；一部好电影的境界可以引起大学生对美好生活的向往与渴望；一个精彩的画展可以激发大学生无限的想象力和创造力。美育在各种美育形式的实施中"春风化雨"般地影响和改变着大学生的审美能力。

（2）培养大学生的审美意识和审美价值追求，使其超越"功利"

在培养审美能力及关注审美素养提升的同时，审美教育活动的目标还应实现对功利生活的精神超越，促使审美教育脱离一般的功利价值目标体系，能够暂时放弃实用性的考虑，形成一种超越功利的审美意识和价值追求。瑞士美学家布洛认为，在审美活动中，人要超越日常看待事物的方式，摆脱现实中的利益关系，与现实中的生活造成一种"距离"，把物我关系由实用主义变为审美主义，达到"潇洒脱俗""超然物外"的超功利审美境界。这种观念有利于打破肤浅的人生价值和幸福观念，避免由于"急功近利"而"目光短浅"，把人生的目标仅锁定于对物质的极度追求而完全抛弃了精神家园。自有人类历史以来，亘古称颂的从来不是富甲一方的官员和商人，而是给人类留下宝贵精神财富的思想家、哲学家、科学家。实施审美教育，就是要使大学生在"撕碎的美"或"含泪的笑"中得到情感升华和心灵净化，进而引发他们对于生命意义和价值的深层次思考，让他们在不同于物质功利标准的新的价值标准中去生存、去体验更加永恒的生命价值。

（3）培养大学生追求理想人格的自觉，使其实现审美人格的精神建构

人的心灵世界本身就是一个感性的、意义丰富的世界，审美人格的精神建构需要在个体主动参与和创造过程中得以实现，是人的内在精神的一种积极的探寻

和建构的过程。自我"全面而自由"的发展,是人类遥远的梦想和渴望,是理想的人格境界。审美教育目标在这一方面要不断提供契机、情境和氛围,以美的旋律和震撼,拨动学生的"心弦",激发他们内心深处对美的渴求,对美的想象力和创造力,促使学生在个体的成长和建构中,把对理想人格的追求当作自觉的愿望和行动,积累和养成个体的人文关怀精神,以及独立和谐、开朗乐观、创新洒脱的内在品质,并不断使其得以发展和提高,推动自我的人格建构不断走向丰满和成熟。

二、高校美育的原则

(一) 乐中施教原则

美育是使人"乐"的教育。孔子说:"知之者不如好之者,好之者不如乐之者。"当人们"乐在其中"的时候,陶陶然,融融然,在不知不觉中欣然受教。古罗马诗人、文艺理论家贺拉斯在《诗艺》中也提出"寓教于乐"的美育原则指出诗带给人乐趣和益处,也给人以劝谕和启迪。美给人以感官愉悦的满足,能激荡人的情感,人们倾心赏美,因而乐意受教。人的审美愉悦性的来源不仅简单地取决于审美对象,还有人对自己智慧与力量的肯定。因此,在美育活动中,受教育者常常处在一种喜悦的心理状态与精神状态,产生强烈的情感体验,获得极大的审美享受,这种愉悦性是感染人、启发人、吸引人去参与审美、参与美育的重要因素。

美育的乐中施教原则是指在对大学生进行美育过程中根据教育目的、结合大学生的审美特征,有的放矢地对学生进行审美教育,把大学生单纯的生理愉悦转变成渗透着理性的高尚情操的原则。这种寓教于乐、以乐促教的教育方式是审美教育得天独厚的优势。在美育过程中,教师要坚持以美成人、乐中施教的美育原则,要将愉悦教育和形象教育贯穿教育全过程。

但是,在现实中,一些高校美育工作与现实不同步,教育的有效性程度不同,内容和方法陈旧,往往表现为千篇一律的讲道理,忽视了学生的情感世界、年龄特征和个性差异,学生处于一种被动的参与状态,其结果容易造成学生冷漠和抵触。而将愉悦性贯穿于大学生人格养成中,可以弥补美育工作中硬性说教的枯燥和抽象乏味的弊端。因此,在大学生人格养成教育的过程中要注意激发学生的兴趣和能动性,变消极被动为积极主动。借助美育的手段,让学生在生动形象、意义深刻的活动过程中受到教育,往往能取得事半功倍的效果。

要实现将愉悦性融入大学生人格养成教育中。首先,要求从教材到教育活动过程,从教师的教导到活动环境都具有愉悦、有趣的特征,这就要求教材的编写既要有一定的思想深度,又生动地切合大学生实际,不要空谈大道理。另外,美育教学力求形式多样，可以采用辩论、演讲、讨论等方式，还可以利用现代化教学手段，抓住大学生热点问题。其次，在以美成人的美育工作中，教师可以设计一些适合大学生的活动，如让学生欣赏充满道德、国情的影视作品；在文艺会演中，鼓励学生自编自导一些反映学生自己生活的故事；举办一些主题积极向上的学生原创歌曲大赛、绘画大赛等，让学生在对美的欣赏和创造中，在自我沉浸与陶醉中，伴随相应的情感发展的体验，实现美的意识自觉，使人格丰满和升华。

总之，在教学活动中，由美育效应带来的愉悦性使学生成为教学世界中的发现者、创造者，使学习过程转化为一种丰富的精神享受，引导学生形成一种高尚的健康人格。

形象教育是美育要遵循的另一个特质。美育家蒋孔阳教授说："美是形象，面对形象，不能单靠理性来认识，而要通过感性的形式，通过情感和想象，来体味感知。"米开朗基罗的大卫像充分体现出一种顽强、坚定和正义的精神气质，以至于后人把它作为保家卫国的精神象征。米洛斯的维纳斯雕像更是以卓越的雕刻技巧，完美的艺术形象，高度的诗意和巨大的魅力，使雕像具有一种崇高的内在精神美感。千百年来，美育正是以其形象性带给人们精神上的愉悦，教会人们怎样去感受山川大地的美，怎样从丰富的美的形态中去把握、表现、创造新的美，进而陶冶人的情操。美育的以情动人，是通过审美形象为手段来实现的。形象性不仅意味着感性形象，而且意味着对形象的情感意蕴的体验与感悟，情感的唤起、持续、深化与表现都离不开感性形象的产生与运动，将形象性贯穿于美育全过程，可以以美引善，使人在潜移默化中实现人格的完善。

可见，在大学生的人格养成方面，美育作为形象直观的教育，表现为赋予了学生创造思维的空间，它通过诗情画意引起的想象，内情和外景交融的意境，让学生思接千载、视通万里，产生浓厚的学习兴趣，由此触发学生的创造灵感，使之把握创造的契机，丰富和活跃自己的想象力，最终达到开发智力、发展人格的目的。因此，在审美教育过程中，教师可以组织学生欣赏大自然，通过远足、旅行、露营等活动，使学生在对自然景物和名胜古迹的观赏中认识和理解自然景物，提高审美兴趣；还可以引导学生欣赏古往今来著名艺术大师的经典作品，使他们领会和体味美的深厚和美的意蕴。大自然中的每一幅景象，中外文学艺术经典名作中的每一首诗歌、每一曲音乐、每一幅绘画、每一部影视佳作，凝聚着艺术家苦苦创新、孜孜求异的心血，更凝聚着艺术家对人性中真、善、美的领悟和思考，是人类宝贵的精神财富。把这些经典的美与美育内容紧紧契合，对于促进大学生人格和谐发展有着不可替代的作用。

艺术与科学的共同基础是人类的想象力和创造力，而美育是想象力与现实、

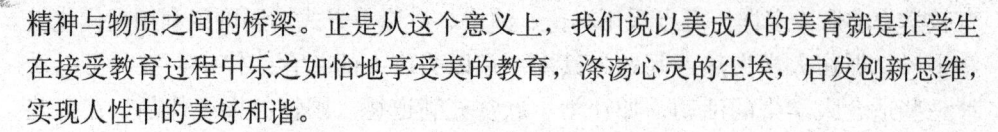

精神与物质之间的桥梁。正是从这个意义上,我们说以美成人的美育就是让学生在接受教育过程中乐之如恰地享受美的教育,涤荡心灵的尘埃,启发创新思维,实现人性中的美好和谐。

（二）潜移默化原则

人格的养成不是一蹴而就的,它是伴随人一生的个体养成教育;美育的效果也不是立竿见影的,它需要经历一个长期的培育过程。学校无小事,事事都育人,美育应是高校育人中重要的内容,是学校全方位、全过程的教育。因此,开展美育,不能急于求成、揠苗助长,必须坚持潜移默化的原则。美育贯彻的潜移默化原则是指美育在高校应无时不在、无处不在,要使学生的思想、品性或习惯在教育教学及日常生活中不知不觉地受到影响、感染,于无形中发生变化的原则。美育实施中坚持潜移默化的原则包括两方面含义,一是要实现美育在教育全过程的渗透和贯穿;二是要实现美育在校园文化中的渗透与贯穿。

首先,坚持潜移默化的原则就是要实现美育在教育全过程的渗透和贯穿。

在教育的全过程中,从学校布局到教育环境布置,从教育到教学,从管理到后勤,从课堂内外的教育活动到教育活动中的一举一动,无不存在审美。蕴含审美设计的教育是为了达成教育目的、目标,以及教育活动,促进学生包括人格发展在内的全面发展,开发每一个学生多方面潜能的教育。它不仅追求学生在教育活动中知识技能的获得、体力智力的发展、审美情趣的提高,还要求形成受教育者健康的人格修养的过程。在教育过程中美的享受,使学生精神振奋,充满自由创造的喜悦,只有这样的活动才能使学生喜闻乐见、积极参与。美育通过以情感人,使学生在轻松愉快的氛围中悄然无声地受到美的熏陶,在接受知识滋润的同时提升人格,使大学生在潜移默化中塑造人格,获得全面、和谐的发展。

学校美育不仅是艺术、知识和技能的教育,更是教育全过程的一种教育理念,体现并渗透于一切教育全过程的教育艺术和教育方法。它融入了施教者的人生体验、情感创造,是对教育技巧的超越和升华。学校教育中的具体教学内容,每项活动的过程本身都应是精彩的、美的,要使学生在学习各种知识的时候,以欣赏的态度投入其中,使教学活动成为一种特殊的审美活动,使所有从事此项活动的人从中得到美的享受,在潜移默化中丰富其人格的发展。同时,美育应该渗透在德、智、体、美、劳等各方面教育中。在德育教育过程中,要强化文体活动、艺术鉴赏、时事教育、实习实践、文明规范等形式、内容和过程,使德育充满愉快的情趣并具有吸引力。在智育方面,美育与之是相辅相成的,丰富的科学文化知识和良好的智力有助于提高学生感受美、理解鉴赏美和表达创造美,进而提高他们的艺术修养。丰富的想象和形象思维能力可以使学生形成健康的审美情趣和美感，使学习生活充满愉快，体验到劳动与创造的幸福。从体育方面来看，学校应倡导健康与健美相结合、科学与艺术相结合、运动与形体训练相结合，将体育作为提升审美水平的过程。体育活动注重过程的精彩，要求有互助合作的品德，有健美的姿态和富有节奏感的协调、优雅的动作，有克服困难、刻苦耐劳、灵活机智、不甘落后的精神，这是对个人意志、精神、情操、人格、心理品质的磨砺。在劳动技能中也要渗透美育，通过劳动技能的培养，学生学以致用，掌握劳动技能知识，并在此基础上培养学生的劳动观念和劳动习惯。创造是美的享受，使学生在创造中领略到劳动创造过程中的审美愉悦，创造出美的作品和美的生活，激发追求美的欲望、美的理想，陶冶美的心灵。

总之，美育在大学教育和人才培养过程中既要相对独立，发展学科特色，也要注重在教育全方面、全过程的潜移默化，使之成为大学教育中的重要内容，成为渗透学校教育、管理、服务等各方面的综合教育。其次，坚持潜移默化的原则就是要实现美育在校园文化中的渗透与贯穿。

校园文化是一种特殊的社会文化，是由校园文化教育、校园文化生活、校园文化环境、校园文化队伍、校园文化制度、校园文化政策及校园文化组织和设施等构成的复合体，即通过学生的直接参与，在建立健全完善的文化组织的基础上，运用现有的文化设施和文化政策，开展丰富多彩的校园文化活动，从而营造一定的文化环境，倡导一定的文化观念，确立科学的思维方法，形成特有的校园精神和校园风气。

校园文化是实施美育的一条重要途径，其丰富的内涵和色彩鲜明的特点在高等教育中发挥多种功能，对帮助大学生塑造完美人格有不可替代的作用。第一，要通过建设优美的校园环境丰富学生的审美体验，使学生时刻受到美的熏陶。校园环境是校园文化的载体，宽敞明亮的教室，绿树成荫的人行道，安静整洁的图书馆，设备先进的实验室，文化底蕴深厚的人文景观，设施齐全开放的体育场馆，这些都会令人赏心悦目。优美的校园环境对学生的学习和活动都有积极的意义。校园是进行教育教学的主要场所，是学生长时间生活的家园，在一个杂乱无章、格调低下的校园中生活，学生不免心烦意乱、焦虑低迷；而在一个良好的校园环境中生活，学生每时每刻会受到美的感染，得到美的享受，陶冶美的情操。第二，要用校园文化的审美性促使大学生追求高尚的人格。校园文化的审美性对促使大学生追求高尚人格起着"春风化雨，润物无声"的熏陶作用。要积极营造与倡导崇尚科学、求实创新、团结友爱、健康向上的校园文化，使学生在这种氛围中进行直觉体验和领悟，融美于心灵。积极弘扬先进模范人物和集体的事迹，充分发挥其激励人、教育人的作用，通过良好的校园风范和校园环境，满足教学科研生活的需要，陶冶大学生的思想情操，净化大学生的心灵。

(三）因材施教原则

美，归根结底是人的一种主观感受，审美是主体性的审美，不同的审美个体在不同的生理和心理机构的基础上，形成了不同的审美需要、审美能力和审美价值取向。因此，在开展美育的过程中，我们要坚持因材施教原则。美育中的因材施教原则是指在美育的过程中，根据大学生能力、性格、志趣等具体情况施行不同的美育，从而使大学生的人格能够自由、和谐地发展的原则。尊重大学生审美个性倾向对于促进个体完整人格的构建具有重要意义。从教育学的角度看，因材施教原则表现出对大学生主体地位的充分尊重及个体身心智能差异的科学态度，以及对学生的后续发展预留了一定的空间。从教育教学的角度来看，从学生实际出发，针对学生不同特点，区别对待，有的放矢地进行教育，使学生按照不同途径、不同条件和方式，取得最佳的教育教学效果。因材施教原则是学生身心发展规律在教育教学中的反映，是符合大学生人格发展规律的基本原则。

在以美成人的美育中，我们可以从以下几个方面来贯彻因材施教原则。

首先，准确定位，从实际出发进行美育。在对学生进行美育前，教师先要了解学生，了解他们在哪些方面比较擅长，哪些方面还存在差距，对学生的审美认知水平进行准确的定位，把好每个学生的"脉"，帮助他们了解自己的审美情况，认识自身的优势，从而调动大学生学习的积极性，帮助他们树立取得成功的信心。

其次，针对学生的个性特点，设计最佳方案，使其个性得到充分发展。在美育过程中，要求教育者对学生的一般知识水平、接受能力，以及每个学生的爱好、兴趣、身体状况等方面都充分了解，以便从实际出发，分别设计不同个性特点的学生成长的最佳方案，有针对性地进行美育。

最后，正确对待个别差异，激发学生的学习兴趣。在以美成人的美育中，要充分尊重大学生的需求、兴趣和各方面的才能，使学生在美育过程中找到自己最喜爱、最擅长的领域，并在这一领域深入下去。在这一过程中，要求教育者必须对所教学生有详尽的了解，最大限度地了解学生的兴趣所在，不失时机地引导学生、鼓励学生，以增强他们的自信心，激发学生提高自我美育的主动性。在美育中，只有认真贯彻因材施教原则，才能有效地培养学生审美的兴趣，提高学生的审美能力，促进学生个性的协调发展，从而帮助他们建构和谐人格。

（四）循序渐进原则

美育中的循序渐进原则是指在大学生人格养成的美育过程中，要根据大学生认识发展的顺序，由浅入深、由易到难、由低到高逐步进行的原则。按照认识的规律，人们对事物的认识总是由感性到理性、由表及里、由此及彼的，学生学习的过程也是如此。以美成人的美育的循序渐进原则就是要求教师按照由近及远、由简到繁的认识规律来组织教学。学生在完成了中学阶段的学习后，升入大学进行学习，是从人生的一个阶段进入了另一个阶段。这一阶段的学生一般缺乏实践经验，他们的心理、思想与行为处在从发展中逐渐走向成熟的阶段，他们的审美观有正确的，也有错误的，有高尚的，也有低俗的，有健康的，也有畸形的，不良的审美观往往使他们无视美、歪曲美，甚至以丑为美，严重影响他们身心正常发展。因此，在审美教育中，首先要进行大学生自然美、艺术美、社会美等欣赏能力的培养，当大学生形成一定的高尚健康的审美情趣时，再发展其审美想象和艺术创造能力，最终使其构建起高尚完整的人格，这是一个循序渐进的培养过程。

首先，要帮助大学生养成正确的审美态度。简单地说，审美态度就是人们在审美活动中所持的审美观。正确的审美态度是以美的眼光来认识世界，以美的视角来分析世界，在美的欣赏中实现对名利与物欲的超越，在愉悦的心态下达到精神世界的自由与陶醉。正确的审美态度可以让大学生养成乐观向上的世界观、人生观和价值观，善于发现生活中的美，以美的经验来化解问题与矛盾，不瞻前顾后、患得患失。正确看待前行中遇到的困难和磨难，不轻易被摧垮和打倒，善于化解各种竞争的压力为无尽的动力，快乐地学习、轻松地工作、幸福地生活。

其次，要帮助大学生提高审美欣赏和判断能力。审美欣赏和判断能力是人们在审美活动中发现、感受、判断和欣赏美的能力，它帮助大学生正确区分美与丑、善与恶，是他们摒弃邪丑恶、高扬真善美，按照美的理想去创造世界的先决条件。审美能力的培养要从两方面入手：一要紧紧抓住知识传授的环节，占领课堂教学的阵地，通过美学基本知识的传授，使大学生掌握基本的美学常识和美学理论，了解美的本质和特征、内容和形式，使大学生具有初步的美学修养，并在此基础上，形成正确的审美标准判断，在审美活动中起到理论上的引导作用；二要大力开展审美实践活动，使学生在课外、校外丰富多彩的艺术实践中，在具体可感审美体验中，在美丽的大自然和社会的广阔天地中真正学习美、了解美、感受美、欣赏美，在美的感染中使情感得到升华，审美能力得到提高，人格结构趋于完善。

再次，要培养学生的审美创造能力。完美人格构建的重要目标之一就是要发挥人的创造性。审美创造能力是指人们在审美实践过程中，按照美的规律，遵循美的原则，自主创造美的事物的能力。大学生具有热情好动、求变求新的特点，高校美育要鼓励大学生的创造热情，同时引导他们自觉地用美的尺度来评价、指导自己的生活，按照美的规律来美化主观世界和客观世界。学校美育要引导和鼓励学生对美的创造热情，为他们搭建创造美的平台，使他们有充分的机会来展示自己，有足够的勇气和能力去描画自己和世界的未来。美育是激发主体的创造欲望,培养大学生的创造能力,实现其完善人格的有效途径。

最后,要帮助大学生自觉地以美修身。大学生年轻、好学、有知识、有才干,但有知识不等于有了高尚的人格,有才干也不等于能干出一番大事业。高尚的品格来自于美的塑造。高校美育要帮助大学生自觉地按照美的标准和规律修身养性,塑造美好的自我形象。大学生审美素质的养成,不仅要靠自身努力,还在于他们赖以成长的特定环境,以及他们成长过程的走向。因而,加强美育,提高大学生素质,是一项持久的、全方位的系统工程,应该包括规范设置艺术鉴赏课;广泛开展课外活动,开拓美育第二课堂;加强校园文化建设;美化校园环境。学校还要通过健康向上的艺术实践,激活大学生自身潜能,完善其人格,抖擞其精神,使大学生在审美修养的不断提高中实现生理、心理健康和谐的发展。

此外,循序渐进原则还体现在不断反复的美育过程中。细雨润物,贵在不断熏陶,好的艺术品百看不厌,优美的歌声反复传唱,优秀的文学作品流芳百世,而每次欣赏都会有新的感受。因此,在以美成人的美育过程中,学生的认识不断地深化,想象不断地发展,体会不断地加深,所以,美育的过程需要不断反复、加深,在循环往复中最终实现人格的完善。

第三节　高校美育的结构和功能

一、大学生美育的内在结构

内在结构包括事物内部组成整体的各部分及其结合构造的状态。大学生美育是通过各种美的事物培养大学生对美的欣赏能力、表现能力、创造能力,同时促进他们德、智、体、美、劳各方面素质全面发展的教育。就大学生美育结构而言,它是由美育的主体、客体、介体和环体四个要素组成的综合系统。笔者将首先分析美育的四个组成要素,再探讨其相互关系。

（一）大学生美育的要素分析

大学生美育是一个由美育的实施者（主体）、美育的接受者（客体）、美育的内容和载体（介体）、美育的外在影响因素（环体）所构成的"四位一体"的综合结构,这四个组成要素相互影响、缺一不可。

1.大学生美育的主体——大学生美育的实施者

主体是相对于客体而言的,它是指主动对客体施以影响力的人。大学生美育的主体也就是大学生美育的实施者,由教师和大学生组成,两者既共同作用于大学生美育的客体,又相互作用、互相影响。

(1) 关于教师

教师是大学生美育的首要主体,主要包括美育类课程教师及非美育类教师。

美育类课程教师包括两类:一是"美学原理""西方美学史"等美学理论或通识课程的教师,主要传授大学生基础的美学理论,培养其美学理性思维和美学理论能力;二是"音乐鉴赏""美术鉴赏""书法鉴赏""影视鉴赏"等艺术教育类课程的教师,主要通过感性的、让人身心愉悦的艺术教育,让大学生在潜移默化中增强自身审美感知能力、审美鉴别能力和欣赏能力,以及创造能力。

非美育类教师包括三类:一是非美育类课程教师,无论是"大学语文"等人文类课程的教师,还是其他理、工、商、医科等各类课程的教师,都应当具备较高的人文素养,并进行一定的美育意识和技巧的培训,以便在各科教学中进行渗透性美育。二是学校邀请的专家、学者,他们不仅可引导大学生在讲座交流中提高对知识和理论的审美情趣,也能以自身对人生、社会的独到见解提升大学生的审美能力。三是学校的行政管理教师。从班主任、辅导员、教务秘书等一线行政管理教师到教务处、学生工作处、后勤处等的教师,都可以言传身教,给大学生展示具有美感的人格魅力和管理风格,在潜移默化中感染他们的处事能力。

(2) 关于大学生

正如之前在阐述大学生美育特征时所述,大学生美育的独特性之一即自育性。大学生可以通过吸收大学校园内和社会中美的因素来进行自我美育。大学生不仅是美育的客体,也是进行自我美育的主体。大学生美育的两大主体——教师和大学生,他们既相互区别,又相互联系,互相作用。教师是直接针对大学生进行美育的主体,他们一方面受到部分大学生审美情趣的影响,接收新兴审美文化,达到教学相长;另一方面可指引大学生进行自我美育。大学生既受到教师的审美引导,也可通过自身创造美的能力影响教师。

2. 大学生美育的客体——大学生

客体是指主体在实践活动中所指向的对象。大学生美育的接受者即大学生。

第一,大学生正处于向成年人过渡的阶段,自我意识较强。大学阶段被称作"断乳期",是大学生开始脱离父母和家庭的保护与约束走向独立、融入社会的过程。这一时期的大学生独立自主的意识格外强烈,崇尚自由,对支配和束缚本能地排斥。他们既乐于参与集体活动,又渴望塑造、展现与众不同的自我形象,甚至以特立独行作为自我追求并引以为傲。表现在审美活动中,就是兴趣广泛、崇尚独特、强调个性,并努力表现其独特性。

第二,大学生正处于心理上热爱创新、生理上大脑创造能力蓬勃发展的黄金时期。大学阶段在人格心理发展过程中,是人处于初步成熟,而又较少受到成人社会条条框框束缚的阶段。这一阶段的突出特点是富有想象力,敢于推陈出新。

他们不愿循规蹈矩而乐于表现个性，有更多的憧憬、更多的幻想、更活跃的思维。因此，在审美活动方面，内容、形式新颖且富有挑战性的课程和活动是大学生乐于接受的。

3. 大学生美育的介体

介体是居于主体与客体之间负载、传递特定信息的实体。大学生美育的介体是指主体向客体施加影响力所凭借的负载着美育资源的载体，它主要包括大学生美育的内容和载体两个方面。

（1）大学生美育的内容

大学生美育的内容主要包括艺术美育、自然美育和社会美育等方面。

第一，艺术美育。孔子提出"乐教"，中国古代知识分子学习琴、棋、书、画修身养性，西方自古希腊时期就开始用音乐、美术等艺术形式教化人，艺术美育自古以来就是美育的主要内容。艺术是人类审美实践的集中表现。根据历史经验，实施美育主要是通过艺术，即通过各种各样艺术品的创作实践和欣赏实践来培养人们的审美兴趣，提高人们的审美能力，增进人们的审美素养，端正人们的审美思想。大学生美育的首要内容即艺术美育，通过让大学生感受、鉴赏、评价艺术之美，获得审美愉悦，激发他们的审美情感与潜能，提升他们的审美能力，启迪他们的智慧，最终达到真、善、美的统一。

第二，自然美育。自然美是给人带来愉悦的自然事物或现象的美，其千变万化令同样属于大自然的人条件反射地想要亲近、融入。自然之美能愉悦人的身心，陶冶人的品格情操，开拓人的眼界，激发人的潜能，提升人的精神境界。对大学生进行自然美育，一是培养大学生体验和鉴别自然美的不同形态；二是培养大学生掌握自然美的审美方法。

第三，社会美育。所谓社会美，是指体现社会发展规律和倾向，体现人们的理想、愿望，能够使人感觉到自由，并给人以精神愉悦的社会事物或生活现象。它广泛存在于社会生活的方方面面，是直接表现人的本质力量的美学形态。

此外，大学生美育的内容还包括科学美育和工艺美育等。大学生美育是一个集各领域审美教育于一体的多层次、综合性教育体系。

（2）大学生美育的载体

大学生美育的载体，即承载大学生美育的空间、方式等联结主体与客体的中介，主要包括大学课堂、课外美育活动、大众传媒及品学兼优的大学生模范。

大学课堂是大学生美育的主要载体。正是在课堂中，通过音乐、美术、舞蹈、书法、影视等艺术教育和美学理论方面的课程，大学生得以将原本粗糙的感性审美趣味升华为同时具备理性审美思维的审美品位和能力；也正是在课堂中，通过一系列基础课程和专业课程所渗透的美育，大学生得以拓宽审美视野，养成时时审美、处处审美的习惯。课堂是大学生接受美育最集中，也是最接近理想化审美的空间与方式。

课外美育活动是大学生美育的重要载体。审美实践是检验审美意识、品位和能力最好的方式。通过一系列校内的才艺展示大赛、大学生风采赛等校园美育活动，以及音乐社、舞蹈社、绘画社等社团的活动，大学生得以展现自己的审美品位，锻炼自己的创美能力，并在一系列活动中与其他同学交流，得到教师的指导，最终提升自身的审美境界。在参观博物馆、美术馆、艺术展，以及在参加美学研究、社会实践等校外活动时，大学生能更好地开阔视野，汲取社会大众审美文化的养分，丰富自身审美涵养。

大众传媒是大学生美育的又一重要载体，是指传递新闻信息的载体，主要包括报纸、广播、电视、电影、图书、杂志等。作为集传递信息、传承文化、监督舆论、娱乐休闲等众多功能于一体的综合体，大众传媒正随着信息社会的飞速发展而日益成为大学生美育的重要载体之一。大众传媒对大学生美育的影响具有两面性。从积极方面来看，电视、报纸、广播、杂志等多样化的大众传媒超越了大学校园的范围，拓展了大学生接受美育的渠道，丰富了大学生的信息量，也为其提供了在浩瀚信息中进行自我美育锻炼的机会。大学生可以在《探索》《发现》这样的电视节目中感知自然、历史之美；也可以在杂志、报纸上阅读带有审美情趣的文字，浏览震撼人心的摄影、绘画、雕塑作品及富有创造力的广告文案等；他们甚至能通过网络"走进"故宫博物院、卢浮宫博物馆等，欣赏各种艺术作品；还可以通过网络下载牛津大学、剑桥大学、哈佛大学、麻省理工学院等世界名校的公开课，感受大师级的学术之美、人文之美和人格之美等。大众传媒在很大程度上扩展了大学生美育的视角，其丰富内容与大学校园内的美育相映成趣。但从消极方面来看，商业化背景下的大众传媒在利益的驱动下越来越趋于商业化、娱乐化、消费化，众多媒体大肆传播物质主义、自我享乐主义等价值观，这些不仅有碍尚未完全成熟的大学生形成正确的人生观、价值观，为高校的学术氛围注入了不和谐因素，也在潜移默化中降低大学生的审美品位。这些与经典、优雅、庄严、高尚相去甚远的大众传媒内容易使大学生的审美趣味变得庸俗、浅薄，以毫不区别的眼光看待时尚、新奇、标新立异，甚至以哗众取宠为美，从而失去理性批判能力和创新能力。所以，教师更应该引导大学生了解大众传媒的运作机制，批判看待其传播的信息，做传播甚至创造审美情趣的精英，而不仅仅是大众传媒的消费者与受众。

品学兼优的大学生模范是大学生美育具有独特典范性的补充载体。每一所大学里都有部分大学生品学兼优，在课堂中谈吐不凡，审美眼光独到，在一系列课外活动中才艺出众，创美能力卓著。无论学校是否特意将他们塑造为美育典范，都在事实上以他们的审美品位和创美能力近距离、潜移默化地调动其他大学生的审美兴趣，吸引他们更积极地学习美学知识，感受艺术美，参与美育活动。

4. 大学生美育的环体

环体是指围绕着某项（些）中心事物并对其产生一定影响的周围事物，大学生美育的环体即围绕着主体、客体、介体并综合贯穿这三大要素的环境因素，主要包括校园审美文化和大众审美文化。

（1）校园审美文化

校园审美文化是大学校园通过长期的审美建设、教学、科研、活动等形成的审美情趣、审美活动和审美文化环境的集合。它具有明显的区域性，即大学校园的地理区域和本校学生主要来源区域。高校应该努力塑造一个校园环境清新雅致、教学风格求真务实又充满创意、科学研究硕果累累、课外活动丰富多彩又格调高雅的审美文化。这样才能丰富大学生的审美体验，缓解大学生的学习、生活压力，净化大学生的心灵，提升他们的审美境界。

（2）大众审美文化

大众审美文化是以社会大众为主体，体现在社会的传统文化、通俗文化、媒介文化和消费文化中的审美取向和氛围。社会中的所有个体从审美趣味到审美思维模式，都受到大众审美文化的影响，大学生也不例外。对大学生而言，一方面，他们可以在电视、电影中感受中国传统文化中仁爱至上、与人为善、家国天下的坦荡无私，以及西方古希腊罗马史的雄浑瑰丽、西方文化的浪漫与现代文化的民主自由等，这些都丰富了大学生的审美体验，提升了他们的审美品位。另一方面，大众审美文化中存在的庸俗审美、消费主义审美、娱乐至上主义审美倾向正通过泛滥的选秀比赛、相亲节目、篡改历史的电视剧等影响大学生，使部分接受美育不足的大学生审美情趣逐渐庸俗。当代大众审美文化作为大学生美育环体之一，需要高校对其进行综合引导，以趋利避害。

（二）大学生美育各要素关系的探讨

大学生美育的四大要素——主体（美育的实施者）、客体（美育的接受者）、介体（美育的内容和载体）、环体（美育的外在影响因素）在美育的实践中相互联系、相互作用，构成了完整意义上的大学生美育。各要素之间的关系包括美育主体与客体的辩证关系，主体、客体与介体的相互关系，以及主体、客体与环体的相互关系。

1. 大学生美育主体与客体的辩证关系

大学生美育的主体与客体是既相互对立又相互统一的，两者的辩证关系构成了大学生美育的基础。

（1）大学生美育的主体与客体之间相互对立

首先，两者在角色和作用上有区别。作为实施美育的主体，教师是美育的施加者，在美育过程中起主导和指引作用，而大学生是被教育、被影响的接受者，主要在美育过程中起配合互动的作用。即使大学生在进行自我美育时具备了主体地位，但此时的主体同样是以"应该具备的审美知识和品位"这样的外在审美标准影响"尚不具备相应审美知识和品位的现实自我"。其次，两者在审美素养上有区别。作为主体的教师具备丰富的审美知识、理论和实践经验，以及较高的审美情趣和品位，而大学生则相对欠缺。作为美育主体的大学生也总是以外在的审美知识、方式和实践来锻炼自己，不断提高自身审美能力。

（2）大学生美育的主体与客体之间相互依存，在一定条件下相互转化

首先，大学生美育的主体与客体相互依存，互为对方存在的条件。没有教师，大学生就无从接受系统的美育，无法获得丰富的审美知识与实践；而如果大学生不具备超越原本审美情趣和能力的渴望，就无法达成在自我美育过程中的主客体一体化。同样，没有大学生，也就不存在专业美育教师和其他教师的渗透性美育。其次，大学生美育的主体与客体在一定条件下可以相互转化。当大学生具备了较高的审美素养和创造美的能力时，就可以以自身的艺术修养、美学见解和新颖的审美创造力影响教师；在进行自我美育时也可实现主客体一体化。

2.大学生美育主体、客体与介体的相互关系

大学生美育的主体与客体是介体存在的基本条件，而介体是大学生美育得以开展的媒介和载体，两者相互作用、相互影响。

（1）大学生美育的主体与客体是介体存在的基本条件

首先，大学生美育的主体与客体为介体提供了存在的前提。没有大学教师和大学生，就没有美育内容的设计者、相关课程内容的编撰者、美育的实施者和接受者，自然就没有传授艺术美、自然美、社会美的美育课程，也没有美育课堂、美育活动等美育的载体。大众传媒也将失去一大批高层次的受众，这在很大程度上会削弱大众传媒的影响力。只有在美育主体与客体兼具的情况下，介体才有存在的需要和物质条件。其次，大学生美育主体与客体的矛盾推动着介体的不断发展。大学生美育的主体与客体的矛盾是时代发展、社会需要所呼唤的大学生的审美素养与大学生现实审美素养之间的矛盾。在此矛盾推动下，大学教师、大众传媒等对大学生审美价值的引导会影响美育传授内容、美育课堂软件与硬件、校内外美育活动方式的更新与发展，也会引导小部分作为美育介体的优秀大学生的审美走向。

（2）大学生美育的介体为主体与客体联通提供了理论基础和物质基础

首先，艺术美、自然美、社会美等美育内容是联结主体与客体之间的桥梁，

为大学生美育提供了丰富的内容和理论基础。离开了具体内容，大学教师、大众传媒无法通过切实有效的方式对大学生进行美育，施加审美影响，大学生也无法进行自我美育。其次，课堂、校内外美育活动、大众传媒、大学生审美典范为主体与客体发生关系提供了方式和物质基础。课堂为教师传授美学知识和理论提供了物质条件，校内外美育活动是丰富大学生课外美育实践的方式，大众传媒和大学生审美典范为教师及大学生自育提供了更为新颖多彩的审美载体。

3. 大学生美育主体、客体与环体的相互关系

大学生美育的环体是贯穿美育过程的重要环境因素，它与大学生美育的主体、客体相互影响、互相作用、互相促进、动态发展。

（1）大学生美育主体与客体对环体有深刻的影响

首先，大学生美育主体与客体对校园审美文化有深刻的影响。大学教师群体的审美品位直接影响高校的教学风格和学术氛围，大致定位了一所大学的校园审美文化；而大学生则通过创造校园流行趋势、开展校园活动等方式展现群体审美情趣，逐步改变大学的校园审美文化。其次，大学生美育主体与客体对大众审美文化有深刻的影响。大学教师可以以自身的学术研究、参与社会活动等方式影响大众审美文化；大学生可通过群体审美趣味影响大众审美文化的流行趋势。

（2）大学生美育的环体是主体与客体发生作用的环境因素对主体与客体有深刻的影响

校园审美文化深刻影响着教师和大学生的审美取向和发展趋势。校园审美文化一旦产生就具有惯性，会以校园环境、教学风格、管理风格、学术氛围、校园活动等各种方式影响大学生的审美趣味，并对教师的审美品位产生微调。大众审美文化也对教师和大学生的审美取向等产生影响。大学生美育的四大要素相互作用、相互影响，在大学生美育的实践过程中形成了完整的结构，共同促成大学生美育的发展。

二、大学生美育的主要功能

功能是事物或方法所发挥的有利作用。美育的功能可以概括为三类：一是直接性功能，是指美育对人的正确审美观念及审美能力、创美能力的培养功能；二是辅助性功能，是指美育对教育领域内比邻的德育、智育、体育等教育功能的充分发挥所能提供的辅助性功能；三是辐射性功能，是美育具有的超越前两者之外的，在社会人生更广阔的领域、更深入的层次的各种助益性功能。在此理论基础上，本文从美育所影响的范围出发，将美育的主要功能划分为三类。

（一）促进人的全面、和谐发展

美育的功能最直接地体现在大学生身上。对于大学生本人，美育可以提升其

综合素养，陶冶其情操，激发其创新潜能，从而实现大学生的全面、和谐发展。从根本上讲，美育是一种对人的全面教育，是为实现崇高的理想，充分发挥人的潜能，实现人的全面发展的教育方式。具体地说，它通过文学艺术和其他审美方式来打动人的感情，使人在心灵深处受到感染和感化，从而使人的感情得以升华，情操得到陶冶，审美能力得以提高，人的身心结构更趋和谐，德、智、体、美、劳全面发展。美育对大学生全面、和谐发展的促进功能主要体现在以下几方面：

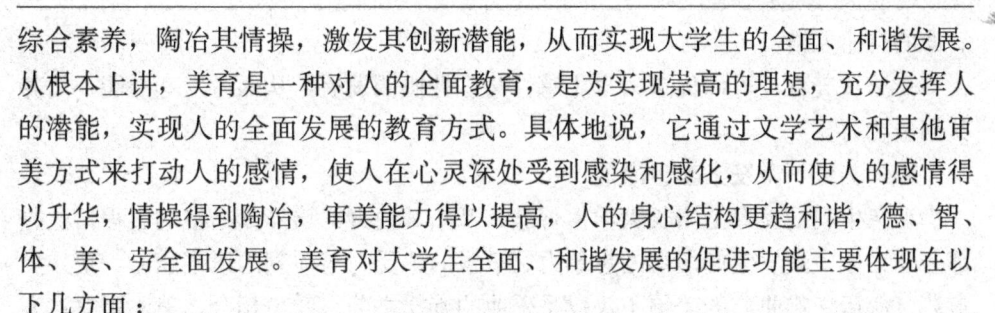

1.通过美育，可以提高大学生的审美能力，完善其知识体系，提升其综合素养

（1）美育可提高大学生审美能力，提升其综合能力

感知能力、观察能力、分析能力、创作能力、情感能力是大学生综合能力的重要内容。在大学生聆听一曲美妙的音乐、鉴赏一尊传世雕塑、阅读一部经典文学作品、欣赏一幅摄影作品等审美过程中，不仅审美观念得到强化、审美情趣得以升华，而且他们感知美的触动、观察美的敏锐、分析美的逻辑、体会美的情感等能力在潜移默化中逐渐增强，从而提高大学生的综合能力。

（2）美育可完善大学生知识体系，提升其综合素养

"一专多博"是对大学生知识体系的基本要求。在对大学生进行美育的过程中，美育理论的传授可以丰富大学生美学理论知识；音乐、绘画、舞蹈、书法、戏剧等艺术教育的开展可以拓展其艺术知识；自然美育可以丰富其地理知识，开阔其眼界；而社会美育更能助其构建心理学、公共关系学、历史学的知识结构，加强其对社会现象学的了解等。通过这些美育，大学生在无形中就完善了自身知识体系，提升了综合素养。

2.通过美育，可培育大学生和谐发展的个性品质，提高大学生品德修养，帮助他们形成自律人格

（1）美育可促进大学生身心健康，培育其和谐发展的个性品性

美育是一个充分释放个人紧张压力的舒缓过程，在沉醉于诗词歌赋、音乐电影、山川河流的美时，大学生作为活动主体会自然而然地融入对象，其感觉、知觉、情感、理解等心理能力在无形中得以提升，从而实现了身心的和谐。在此过程中，他们还会以开阔的胸怀审视自身、世界与美，在体会富含美学色彩的快乐、忧伤、豁达、潇洒、温柔、激烈、自信等情感中沉淀，塑造豁达自信的个性品性。

（2）美育可提高大学生品德修养，帮助大学生形成自律人格

大学生美育的一个必然结果就是形成高尚的审美品位。人一旦形成高尚的审美品位，以审美态度来对待人际关系，就会塑造一个符合美的标准的"私德"；以审美态度看待社会秩序，就会自觉营造井然有序的社会秩序，自觉养成文明礼貌、助人为乐、爱护公物、保护环境、遵纪守法的"公德"；继而形成具有高尚

品德的自律人格。

3.通过美育，可以促进大学生感性与理性协调发展，从而激发其潜能，培养其创新能力

（1）美育可激发大学生潜能

形象生动的美育是增长大学生智慧、开拓其视野、培养其品格的过程，这些都会在无形中激发他们丰富的想象力、敏锐的感受力与深刻的思维能力。正如贝多芬《命运交响曲》的美绝不仅仅是乐曲的旋律之美、音声相合之美，更有对人生价值的深刻思索。感受这些美可激发大学生的潜能，为其长远发展提供不竭动力。

（2）美育可培养大学生的创新能力

创新能力即在知识和经验的基础上经由直觉、灵感、想象所触发而产生的跳跃式思维能力。生动直观的美感能培养大学生具备更灵敏的直觉，审美修养的提升能触发大学生创造的灵感，而审美能力与审美人格则能催生超越一般逻辑思维方式的跳跃式思维，最终使大学生的创新能力得到培养。

（二）提升学校的文化环境

大学生美育不仅可以促进学校德育、智育、体育的全面发展，还能加强校园文化建设。

1.大学生美育可促进学校德育、智育、体育的发展

（1）大学生美育可促进学校德育的发展，营造崇仰高尚品德的校园文化

学校通过各种方式开展美育，一方面培养了大学生感知美、欣赏美与创造美的能力；另一方面在此过程中推动了大学生的道德人格发展，因为道德也是具有美的特性的文明形态。因此，美育的开展可促进学校形成崇仰高尚品德的校园文化。

（2）大学生美育可促进学校智育的发展，营造追求深厚智慧的校园文化

美育通过艺术教育、美学教育、自然美教育、社会美教育等方式，培养大学生浓厚的学习兴趣，锻炼其敏锐的感知力与观察力，激发其想象力与创造力，既能以转移学习兴趣的方式提高大学生学习科学知识、探索未知奥妙的兴趣，也能在无形中锻炼他们掌握、认知科学知识并进行独立观察、思考的能力。因此，大学生美育营造的是一个既追求美又追求深厚智慧的校园文化。

（3）大学生美育可促进学校体育的发展，营造活跃健康的校园文化

大学生美育的开展，可以通过提升大学生高尚的审美情趣，促使其以美的标准来塑造自身形体，这对于当前大学校园里部分女生不顾身体健康的"减肥"潮、部分男生沉迷网络游戏而导致身体素质下滑的情况，都有很好的缓解与价值引导作用。以健康、健美的形体价值引导大学生正确看待自身，有利于营造健康

的校园文明；而由美育所促进的大学生体育兴趣与能力的提升，会进一步营造活跃、积极向上的校园文明。

2. 大学生美育可促进大学校园文化建设，提高校园文化品位

校园文化是一种特定的区域文化，是整个社会文明的亚文化体系，是学校长期形成的具有校园特色的校园精神、文化活动和文化环境的总和。大学生美育可以通过培养校园精神、提升校园文化活动品位、创造校园文化环境三个方面推进校园文化建设。

（1）大学生美育有助于培养求真、务实、自由、博爱、和谐的校园精神

作为校园文化的深层结构和核心内容，校园精神引导着大学校园的存在与发展，它主要体现在校风、教风、学风、人际关系、集体舆论、心理气氛及信念等方面。推进大学生美育，丰富多彩的艺术教育和美学教育注入大学生学习内容，有助于构建师生互动式教风、学生自我激发式学风、学生主动求知式校风，进而推进求真、务实、自由等校园精神的发展；以千变万化、充满自然情趣的山川河流之自然美对大学生进行自然美育，有助于他们开阔胸襟，进而培养其博爱精神，体会人与自然的和谐统一；以锻炼言谈举止和社交能力、鉴赏并创造社会现象美为内容的社会美育，则可促进大学生完善自我形象、气质与心灵，提升人际交往能力，鉴赏并创造美的社会物质、制度与精神，进而推进校园和谐、博爱氛围的发展。

（2）大学生美育有助于提升校园文化活动品位

校园文化活动是推动校园文化形成自身特色的重要实践方式。当前的大学生校园文化活动存在通俗化甚至低俗化倾向，高雅的价值取向被日趋淡忘，而美育的开展则可提升校园文化活动的品位。首先，音乐、舞蹈、绘画、雕塑、建筑等艺术教育的开展可以培养大学生艺术鉴赏能力与表达能力，直接提升校园艺术大赛、歌手大赛等才艺类文化活动的水准，使其取向高雅，富有创造力。其次，开展美学讲座、艺术讲座、摄影作品展等高雅文化活动，有助于培养大学生对美的鉴赏力与品位。最后，美育促成的审美情趣与创美能力的提升，有助于大学生以审美的感官与思维去参加一系列文化活动（尤其是学生自发组织的、种类繁多的社团活动），形成校园整体文化活动的高雅品位。

（3）大学生美育有助于创造优美的校园文化环境

作为大学生美育的重要内容，环境美育对创造优美校园文化环境的影响毋庸置疑。大学生美育可从三个方面推进创造优美的校园文化环境：首先，大学生美育可推进校园生态环境建设。对大学生进行环境美育，必然涉及以美的标准规划校园总体布局、设计建筑结构与装修风格、丰富园林构造与景观等，由此可推进一个干净整洁、生动形象、赏心悦目的校园生态环境建设。其次，大学生美育

可推进校园制度环境建设。对大学生进行环境美育，也包含了以美的标准制定民主、高效、有序、和谐的教学、行政、学生工作、后勤等方面的规章制度，推进高效制度环境建设。最后，大学生美育可推进校园人际环境建设。和谐的人际环境是优美的校园文化环境不可缺少的组成部分，而大学生美育通过对大学生进行社会美育，不仅可引导大学生追求自我身心美，还能培养其健康和谐的人际交往态度和能力，这都对营造和谐的师生关系、学生与学生之间的关系、学生与服务人员之间的关系等有直接推动作用。

（三）推动社会和谐发展

对于社会而言，大学生美育可通过培养审美精英群体，引领符合美学原则的社会文化氛围。在良好审美情趣与品位的指引下，人们会以审美的眼光看待传统文化，有利于批判继承传统文化中的精华，构建新的文化体系。在审美精英群体与新文化体系的双重作用下，美育可提高全民素质，重塑民族精神，最终促进社会主义和谐社会的构建。

1. 大学生美育可为社会提供引领先进文化的审美精英群体，提升社会文化品位

（1）大学生美育可为社会提供审美精英群体，为先进文化的发展提供主体

社会文化的发展离不开审美精英的引导，对于现代社会，审美精英的主体即受过高等教育的大学毕业生。大学生在接受全方位美育后，可形成高雅的审美情趣、高尚的道德品格等，鉴赏、创造美的能力逐步提升，无论在校园学习、生活中还是社会工作中，都能引领符合美的先进文化的发展。

（2）大学生美育所培养的审美精英群体能更好地构建社会审美文化氛围，提升社会文化品位

首先，大学生美育所培养的审美精英群体能引领社会抵制低俗娱乐，追求高雅艺术。现代社会某些大众传媒为了经济利益，使社会文化品位江河日下。接受全面美育的大学生，可对此类现象群起而攻之，始终追求高雅艺术，引领社会艺术的主流发展方向。其次，大学生美育所培养的审美精英群体能引领社会抵制粗放消耗、强调征服的自然观，寻求人与自然关系的平衡。这将有利于经济的可持续发展与尊重自然、崇尚自然文化的发展。最后，大学生美育所培养的审美精英群体能引领社会朝着制度人性化、人际关系宽容化的方向发展。审美精英群体的综合作用将促使社会文化朝着审美化的方向发展，塑造高端的文化氛围，最终促进整个社会文化品位的提升。

2. 大学生美育有利于传统文化的传承和新文化体系的创建

（1）大学生美育有利于传统文化的传承

由于现代化潮流下西方文化与新兴文化的冲击，优秀传统文化的传承岌岌可危。在美育过程中，大学生通过欣赏中国古曲、戏剧、绘画、书法、舞蹈、建筑

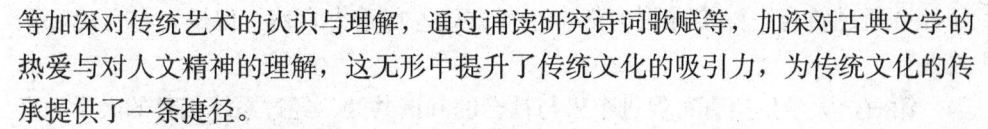

等加深对传统艺术的认识与理解，通过诵读研究诗词歌赋等，加深对古典文学的热爱与对人文精神的理解，这无形中提升了传统文化的吸引力，为传统文化的传承提供了一条捷径。

（2）大学生美育有利于新文化体系的创建

新文化体系的构建除了传承优秀传统文化外，还应积极汲取外来先进文化，并在新形势下创造新文化因子。具有审美品位的大学生正是汲取先进文化、创造新文化的主流。只有在较高的审美品位基础上，大学生才能有选择地吸纳外来文化中符合美学原则的先进文化，并与我国优秀的传统文化相融合，再创造出更加富有活力、引领时代发展的新文化，从而推动我国新文化体系的构建。

3.大学生美育可提高国民素质，重塑民族精神，促进社会主义和谐社会的构建

（1）大学生美育可提高国民素质

大学生作为承担社会发展主要责任的群体，其综合素质的高低将决定我国国民素质的发展情况。而大学生美育正可以培养具备良好审美人格、品位、情趣、能力的精英群体，带动整体国民素质的提升。

（2）大学生美育可培养大学生爱国主义情怀，弘扬中华民族精神，提升民族凝聚力

在美育过程中，无论是对传统艺术的鉴赏、祖国大好河山的饱览，还是对传统优秀人文价值的推崇，都将培养大学生的爱国主义情怀，重塑奋发向上、生生不息、敢于创新的民族精神，提升民族凝聚力。这对于国家和社会的发展都起着不可估量的精神激励作用。

（3）大学生美育可促进国家与社会的自由、协调发展，有利于社会主义和谐社会的构建

现代社会是商业文明为主流的社会，对物质利益的过度追逐、快餐式的消费文化使人与社会、人与自然、人与自身心理的矛盾愈加突出。而大学生美育能逐步解决这些矛盾，促进社会主义和谐社会的构建。美育可从根本上协调人在现实中的情感心理，化解物质化的生活所积聚的焦躁、抑郁，实现生命与社会的和谐。

大学生美育可从以下三个方面促进和谐社会的发展：

第一，大学生美育可促进人与自身心理的和谐。快节奏、竞争激烈、过度追逐物质利益的商业社会易导致个体在紧绷的神经与工作、生活压力下精神荒芜、孤独压抑。没有任何功利与私利目的的审美活动能消解人在现实世界生存中的扭曲与异化状态，使人成为自由、完整的生命存在。经过美育的大学生养成以持续的审美活动充实生活的习惯，自然能以稳定健全的人格缓解压力，以感性生动的审美活动洗涤心灵，促进自我身心的和谐。

第二，大学生美育可促进人与自然的和谐共处。大学生美育可促使大学生引

导社会通过符合自然美准则的低碳生活方式，尊重大自然，促进人与自然和谐共处。

第三，大学生美育可促进个人与社会的和谐共处。经过系统美育的大学生必将努力构建一个人际上宽容互利、政治上民主公正、经济上协调持续、文化上创新发展的社会，这将促进个人与社会的和谐共处。

第三章　高校美育课程的建设

第一节　高校美育课程的特质

一、坚持指向性与非功利性的辩证统一

美育指向性十分明确，就是要"寓美于心灵"（柏拉图），即美育要指向完美人格的塑造。正如席勒所言："有身体健康的教育，有智力认识的教育，有伦理道德的教育，有审美趣味和美的教育。这最后一种教育的目的在于，培养我们的感性能力和精神能力，并使整体尽可能达到和谐。""美在紧张的人身上恢复和谐，在松弛的人身上恢复能力，并以这样的方式，按照美的本性，把受到限制的状态再引回到绝对的状态，最终使人成为一个在他自身上就是完整无缺的整体"，这正是美育的目的和指向性。美育指向人格养成，这是美育的本质功能、主体价值，是评价、设计、实施美育的根本出发点和落脚点。但美育的人格养成指向是一种终极指向，不能急迫于眼前之功效，带有极强的非功利性。

美育的非功利性是美育的本质规定性。正如蔡元培先生所言："纯粹之美育，所以陶养吾人之感情，使有高尚纯洁之习损，而使人我之见、利己损人之思念，以渐消沮者也。盖以美为普遍性，绝无人我差别之见能参入其中……美以普遍性之故，不复有人我之关系，遂亦不能有利害之关系。"也就是说，美育的非功利性是美育与智育、德育的根本区别。智育的目标预期是帮助人们认识世界、向世界索取并改造世界。德育的目标预期是约束个体以满足集团、社会之总体需求。前者是物质性的，后者是精神性的。它们的共性是都有强烈的功利性。智育的功利是人的眼前利益的索取，德育的功利是社会利益的达成。与智育、德育相比，美育既不要求向外部世界索取利益，也不要求向内心世界强加规范，而只是培养人的一种无功利的鉴赏力，引导人们在全神贯注的"静观"中，进入一种"物我同一、天人合一"的澄明境界，在形式的审视中，获得一种无言的欣喜和愉悦，以达成精神的自由与理性感性的和谐发展。

坚持美育指向性与非功利性的辩证统一，要把握两个方面：第一，要从促进学生"人格养成"的角度来设计和实施美育，把"促进学生人格养成"作为唯一核心的美育目的，一切美育活动都应该有利于学生人格的完善。这方面，恰是当前高校美育实践比较忽视的。从国家目前的相关美育政策来看，对美育有逐步重视的倾向，但对人格养成作用突出得还不够。第二，要把艺术欣赏教育、艺术技能提高教育等艺术教育作为一种重要的美育手段，但绝不能把欣赏或训练作为最终目的。通过美育，教师要让大学生认识到，我们赖以生存的这个世界并非仅是一个功利的世界，而是某种意义上超功利的世界，更是一个充满诗意的世界。人活着，不是为了简单地实现某一个目标，而是为了"人"本身，达到"作为人而成为人"，要从个人与集体（包括阶级、民族、人类）的统一中充分实现自我价值，并从生活本身领略生活的意义以及乐趣。学会"诗意"地生活，成为"学会审美的生存的一代新人"。

二、坚持独立性与渗透性的辩证统一

美育作为教育体系的一个重要组成部分，必然要具有一定的独立性。要有系统的、与时俱进的、比较成熟的理论体系，要有相对独立的课程体系，要建设好文学艺术课堂教学等主要美育渠道，这些是美育得以健康发展的根基。正如席勒所说："一切的训练都会给心灵一种特殊的本领，但也因此给心灵设立了一种特殊的界限，唯有审美的训练把心灵引向无限制境界。"美育是一种无功利的审美力的培育和启发。审美力培育固然需要美育学科自身的理论和教学支持，但指向人格养成的美育，还要依赖于实践，依赖于渗透在各科知识（甚至包括数学、逻辑等）传授中的审美视点的发掘、培植。也就是说，美育需要所有老师、所有学科的共同努力，而不是单一课程、单一学科的一枝独秀。我们一定要把美育贯彻、落实到教育的全过程。美育的功能是其他教育不能取代的。美育可以丰富人的多方面知识，开发人的智慧，陶冶人的情操。美育可以塑造人的优美的心灵和高尚的人格，形成正确的人生观、价值观、世界观。同时，美育可以全面提高人的素质与修养。美育不但对教育人、培养人是不能缺少的，对整个社会、整个人类，自然、艺术各方面都是不能缺少的。所以，我们一定要把美育认真地贯彻落实到教育的全过程。

因此，一方面，要坚持美育的独立性，遵循美育的规律性，体现美育的独特特点，强调美育的主渠道；另一方面，要牢固树立"大美育"的观念，让美育渗透到学校教育全过程，在学校教学、科研、管理、后勤服务的各个环节都体现美育的理念，实现美育的过程，收获美育的成果。要加大教学改革的力度，对于目前的学校教学规划、教学要求、课程体系以及教学评估制度等，都应进行较大调整。例如，合理设计适应素质教育总体目标、将美育有机包容于其中的新的教学思路。融入教育全过程后，美育与其他教育是什么关系呢？就是现象学所说的在场与不在场事物之间的关系。其他教育，比如智育，作为在场的课堂教学要以未在场的美育所提供的广阔视野为背景，有意识地加深学生对所学知识中蕴含的美（比如科学精神、人文精神）的领悟与理解。这在一定程度上可以避免片面智育所造成的科学精神与人文精神的分裂，促进学生个人素质全面发展。

三、坚持共性与个性的辩证统一

以美成人的美育，要坚持共性与个性的辩证统一。一方面，教育者依据一定社会的普遍标准来确立教育目的，以及与之相适应的教育内容和方法，积极宣扬普适美，引导大学生关注、热爱、创造具有普适价值的美，促进大学生树立崇高的审美理想，培养积极的审美情趣，提高塑造美的行为、美的语言的能力。另一方面，良好美育效果的达成只有通过学生的积极接受才能真正实现。受教育者不是一张可以任意涂鸦的白板，而是一个个活生生的、能动的生命存在个体，他们各有所爱，各有所能。这就要求美育的内容、方法和目标既要体现普适性，更要尊重个性，注重个性美的弘扬、引导，不违背美育的愉悦、自由、个性化的本性，因材施教。因此，相对于智育、德育更重共性、更重标准而言，以美成人的美育要注重共性与个性的统一，侧重于对个性的尊重。

尊重个性，意味着在美育过程中，赋予教师和学生更大的自主性和独特性。因为，一方面，作为美育关键要素之一的审美对象，本身就是多色调的、富有个性的。以自然美为例，钟灵毓秀，各类美的事物都是熔铸了人的人性化、个性化的保护和开发。以社会美为例，无论是商品美、环境美还是人性美，也都是各具现代性资质，异彩纷呈的。就艺术美而言，更是千姿万态，美不胜收。另一方面，审美主体本身也是不断分化、不断个性化的。大学生正处于最具激情、梦幻、潜质发展的黄金时期，作为一个具有较强知识背景的群体，他们具备了很强的审美能力和审美情感，审美心理也逐渐趋于成熟。但由于掌握知识多寡、兴趣爱好的差异等原因，他们的审美心理具有很强的不稳定性和可塑性。因此，坚持共性与个性的辩证统一有两个关键点：一是要在实施大学生美育时，针对学生的兴趣、个性等特点，提供多种美育途径，紧跟时代步伐，因势利导，注重差异，符合个性。二是要改变传统的对学生学习效果的应试考核性评价方式，建立个性化的学习评价体系。

四、坚持引导与体验的辩证统一

以美成人的美育，应是一个教育者和受教育者相互作用、互动发展的过程。

大学生群体属于高知人群，具有一定的理论水平和知识体系，能够初步运用基本原理认识、分析和解决问题。因此，在高校开展审美教育，要以帮助他们养成全面发展的人格为目的，努力引导他们以唯物辩证法的美学观点来认识美、欣赏美、创造美。审美教育注重体验，要有计划、有步骤、经常性地开展健康向上的审美实践活动，引导大学生形成正确的审美情趣，养成健康的审美习惯。要把美学知识的传授与美育实践活动有机结合，把美育知识讲座与大学生的日常行为引导有机结合，把艺术技能的培养与情感体验有机结合，使大学生在学以致用中完成审美教育。教师在美育课程教学过程中的作用，就是当好大学生审美活动的导游，从感染、欣赏等多方面引导学生认识作品的艺术魅力。也就是要引导学生认识美。苏霍姆林斯基认为，学校美育首先要教会学生认识美，在认识美的基础上，进而培养学生的情操和修养。所谓认识美，就是让学生了解大自然，了解社会，了解周围世界，了解艺术中的美。所谓美的情操、修养，是指在了解自然和艺术的基础上逐渐感受和领会美，并在全部精神生活中处处体现出关注美、珍惜美、创造美。

与此同时，所有美育教学及美育活动，都要注重引导学生体验美、感受美。美的经验不是写出来的，更不是算出来的，它是通过个人的感官感觉到的，是通过个人的心灵感悟到的。对美的体验具有个体的差异性，永远不可能整齐划一，不可能有"标准答案"。正是在这个意义上，苏霍姆林斯基主张引导学生到大自然中去体验美。他认为，人是大自然之子，应当把同大自然的血肉联系利用起来向学生介绍精神财富。在他执教的帕夫雷什中学的审美教育中，起重要作用的是游览美的世界——参观和旅行，观察和分析自然现象。这种对美体验的重视在高校美育中尤为重要。

五、坚持时代性与高尚性的辩证统一

所谓美育的高尚性是针对当前大学生存在的一定程度的审美情趣低俗化而言的。当前，社会文化有比较明显的低俗化倾向。由于非理性主义思潮的影响，社会文化中感性泛滥、欲望张扬、享乐主义盛行、悲观主义和绝望情绪弥漫。同时，在消费主义影响下，人们对物质财富的欲望不断膨胀，不断消解精神追求。一些商家为了满足大众的猎奇心理，一些负面内容被加以游戏化渲染，排斥着某些崇高的道德和理想，在一味追求享乐的同时淡化了人们的道德意识。这种社会文化低俗化对大学生审美情趣造成一定冲击，这往往会给人造成假象，高雅的文学艺术只是名义上的美育载体，而实际被大学生接触的却是"假文学""伪艺术"。这是教师要注意和着重引导的。大学是拒绝低俗，培养高尚的地方。大学里的美育更要坚持高尚性，用真正美的形式或事物来对大学生进行审美教育。特别是要

用提倡民族性审美标准，善于挖掘和运用中华民族的音乐、雕塑、建筑、绘画、诗词、戏曲、书法等传统艺术，帮助学生感受中华民族的审美精神，使他们养成"爱我中华"的美好情操。

在坚持高尚性的同时，教师还要注意美育的时代性问题。所谓时代性，是针对当前的大众文化而言的。美育在坚持高尚性的同时，不能脱离社会的现实性，走极端，要在避免低俗化的前提下，充分吸收大众文化的优秀成分。大众文化是来自西方语境的概念。它"形形色色无所不有，包括邮购、目录、汽车等耐用消费品设计、衣着饰品风尚、足球赛、音像制品、圣诞节等"。而且具有"颠覆甚至颠倒既有霸权秩序的能力"。聂振斌从美学的视角，把大众文化看作是"文化工业制造的文化，主要指由电视、广播、广告、流行刊物等大众传播媒介传播的文化"。这种大众文化是审美的重要对象，也是大学生美育的重要载体。可以说，"今天，我们生活在一个前所未闻的被美化的真实世界里，装饰与时尚随处可见。它们从个人的外表延伸到城市和公共场所，从经济延伸到生态学。""在我们的公共空间中，没有一块街砖，没有一柄门把手，高速公路上甚至看不到一颗掉下来的螺帽，没有哪个公共空间逃过了这场审美化的蔓延。""让生活更美好"是昨日的格言，今天它变成了"让空间更大，让生活、购物、交流与睡眠更美好。"就像蒋孔阳先生所言，"大千世界，到处都是美的东西"，这种到处存在的美是大学生美育的宝贵资源。对这种宝贵资源的挖掘和使用要把握两个原则。一是前面所述的坚持高尚性，这是对美育中美的客体而言的。二是要引导学生的审美态度，善于从大众文化中遴选和接受美的教育。良好审美态度的养成关键在于帮助学生有意识地与大众文化建立审美关系，如蒋孔阳所言，"实用的态度是一种实用的关系，科学的态度是一种认识的关系，而美感的态度则是一种审美关系"。

第二节　高校美育课程建设的载体

本书认为，以美成人的美育的载体就是"能够承载和传递以美成人的美育的内容和信息的形式"。本节试图从基本载体、一般载体、特殊载体和复合式载体四个维度，对以美成人的美育载体体系进行深入的剖析和论证。

一、美育课程建设的基本载体：美育课程的课堂教学

基本载体就是以美成人的美育最根本和最基础的载体。学校主要的教学活动是课堂教学，因此，课堂教学也是美育的根本途径和主要渠道。

以美成人的美育，应在课程设计和课堂教学方面从教育目标、教育内容和教育形式三个方面进行科学、合理地设置和构建。

（一）注重教育目标的全面性和层次性

在教学目标全面性方面，既要教授学生相关理论知识，又要注重对学生行为、情感、认知、体验等方面的教学。确立起科学合理的教学目标，对于有计划地开展教育具有重要的作用。美育课程一方面要传授学生有关审美的知识，另一方面要注重引导学生体验艺术中的审美境界，深入领会艺术创造者在其中蕴含的情感，让学生接受艺术的熏陶，培养学生的人文精神和人文素养，帮助学生完善自身个性结构，全面提高学生素质。

在教学目标层次性方面，美育的目标可以分为两个层次，即表层目标和深层目标，这两个层次彼此相互联系、相互渗透。表层目标主要负责传递审美知识，提高审美能力以及审美创造能力，培养与审美有关的能力，如对美的感知力、想象力等；深层目标是陶冶人的精神，重建人们的心理结构，塑造和完善人格，培养人们综合素质全面发展。实现美育的目标不是一蹴而就的，而是循序渐进，从部分逐渐到整体的过程，美育的最终目标是使学生具备健全的人格，这也是美育课程的根本任务。美育所要培养的人才并不要求单单是能够熟练掌握某一项艺术技能，现代美育不能只停留在表面，而是要让学生通过学习相关内容了解相关背景知识，拓展思维，这不仅使学生收获到基础的文化知识，价值观和审美方法等，还极大地拓展了学生的思维空间，让学生拥有更加深厚的文化内涵，打破仅限于专业知识和方法论的局限。所以，在美育教学中，教学目标必须是层层深入的。在教学目标层次上，应该做到表层目标和深层目标、一般性目标和特殊性目标、长远目标和短期目标三个方面相结合。

（二）注重教育内容的系统性和科学性统一

美育教学课程设置方面，要遵循系统性和科学性原则，以培养学生的人格为主要目标，不断完善课程体系和教学规划，使之更加系统化，同时要明确美学教育中人格培养的方向，使其具备科学性，具体如下。

第一，在选择课程内容时，需要明确的是教育的目标是让学生通过课程内容的学习，了解更多的背景知识，拓展思维空间，对基础性文化知识、价值感、认识论等有所掌握，能够更加理性、独立地思考，提高审美能力、丰富文化内涵，不断形成更加完善的人格。

第二，在选择教学内容时，要重点安排文学艺术类课程。更具体地说，文学艺术课堂教学包括多个学科，如文学、音乐、美术等，理论知识主要有文学和美学的基础理论、艺术理论、文学艺术史以及其他有关文学艺术方面的知识。学生在学习了基础理论知识以后，对文学和艺术中审美的原则和范围会有更多的了解，同时让学生知道美是以何种形态存在的，以及在人类发展过程当中如何进行审美活动的。学生可以从中获得精神上的愉悦,如果没有具体的审美活动,学生无法更加深刻地理解和获得美。课堂教学为学生提供了审美活动,学生可以在课堂实践活动中不断发散思维,使自己和教师的沟通更加顺畅,不会因为知识水平的差异而无法沟通。以往单一、封闭的课堂教学都可以通过课堂活动得以改善,课堂活动涉及很多领域,是学生比较感兴趣的。让学生获得多种情感体验,锻炼学生观察能力、想象力和创造力,也可以提高实践能力,这为审美教育的发展指明了方向。教师在教学过程中,应该注重培养学生普适美理念,让学生在审美方面更加科学理性,并根据个人性格特征,树立具有特色的个性美,进而提高学生的自信心,让学生在普适美和个性美之间找到平衡点,让学生拥有更加完善的审美人格。

(三)注重教育形式的互动性和多样性

传统的美育教学主要向学生传授理论知识,但是这种抽象和难以理解的理论讲解,并不适合美学课程,美育不只需要美学理论指导,还要有教育学和艺术理论等进行指导,应该将理论与实践相结合,在教学中采用感性和形象的方式,这样才能对学生的情感世界产生影响。美学课程并不是简单地欣赏,而是告诉学生美的规律,向学生传递有关美学的知识,并不断深入,美学课程是理论性和系统性较强的课程。和一般的专业课相比,美学课程也具有自身的特点,它是通过艺术作品来让学生获得启发,在课堂上既向学生传授知识,也陶冶学生的情操。

所以,从形式上来看,高校美育课程要注重课程的多样性以及互动性,多与学生的沟通交流,吸引学生注意力,调动学生学习的积极性。具体做法如下。

第一,课堂教学要多与学生进行互动。教育的过程原本就是教师和学生互相交流思想和情感的过程,美育课程的教师应该营造良好的课堂氛围,让每个人都能平等自由地分享自己的观点,这样才能激发学生的学习兴趣,使他们主动学习。教师应该启发学生不断拓展思维,展开丰富的想象,激发学生审美创造力,帮助学生更好地学习和理解教学内容。教师在课堂教学中要帮助学生理解审美对象,引导学生认识艺术作品的魅力和价值,使他们无形中受到熏陶,学会欣赏和探索艺术作品,还可以在教学过程中适当的激励学生,给予他们更多帮助,创造一种和谐愉悦的氛围,引导学生多提出问题,再采用小组讨论的方式,活跃课堂氛围,启发和引导学生,让师生之间有更多交流的机会。

第二,在授课方式上要更加多样,在文学、艺术课堂授课中多运用多媒体和网络进行授课,充分发挥其灵活性、实时性等特点,将音频、视频、图片的内容运用多媒体在课堂上进行展示,将课堂教学中的相关艺术作品更加直观、具体地呈现在学生面前,让学生不仅体会到作品的外在魅力,而且更能感受到其丰富的内涵和意蕴,让学生走进艺术的世界,调动学生学习的积极性,激发他们的联

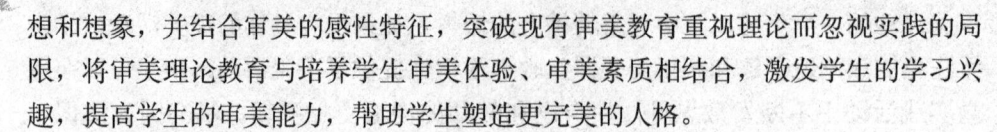

想和想象,并结合审美的感性特征,突破现有审美教育重视理论而忽视实践的局限,将审美理论教育与培养学生审美体验、审美素质相结合,激发学生的学习兴趣,提高学生的审美能力,帮助学生塑造更完美的人格。

二、美育课程建设的一般载体:美的校园文化

一般载体指的是最常见的载体。校园文化是学校教育十分重要的一部分,是对学生进行美育过程中的环境和氛围等因素,是最普遍的教育载体。由学校师生共同创造,在教育和教学活动中形成的精神财富和文化氛围就是校园文化,除了抽象的内容,这些精神财富和文化氛围的物质形态也属于校园文化的一部分。

校园文化是一种独特的意识形态和群体意识,其存在和发展都是客观的。校园文化主体身上不断产生影响,对校园中个体的价值观、人生观、情感、人格等方面起到引导和影响的作用。同时,校园文化也是一个综合体,具有多个层次和不同的方面。在构成要素方面,理性和感性兼具,实用与艺术兼备,动态和静态相结合,理论和实践并重,在构成要素方面可以说是十分丰富多样,可以从不同方面对学生进行美的教育,通过多种方式和渠道影响他们的审美心理,从整体上提高学生对美的感受和理解,提高审美能力,激发他们的审美创造力等,从而帮助学生在感知、情感等心理功能方面协调发展,让学生拥有更加完美的人格。

(一)校园物质文化载体

校园物质文化是校园文化建设不可或缺的一部分,校园内的建筑、教学设施、活动场所、植被绿化等都属于校园物质文化。校内的建筑与景观建设是比较实用的部分。建筑也属于艺术的一个门类,其最大的特点是既可以满足人们的使用需求,又可以利用其空间形象,反映出一个民族或国家的文化背景、思想情感和审美方面的特点。

校园物质文化集中体现了校园中人们的精神生活,每一处人文景观都传递出人们的情感以及思想倾向。优美的校园建筑和设施应该与大自然融为一体,让人们一看就能够产生情感上的共鸣,进而在精神上受到熏陶。教师可以在大学校园物质文化设计中,引导学生感受校园内的人文景观,体会人文作品中传递出来的作者的思想感情和精神世界,这样做可以丰富学生的内心,陶冶情操,帮助他们培养积极向上的生活态度。

(二)校园精神文化载体

优秀的校园精神文化能在无形之中影响学生、熏陶学生、同化学生、改造学生,能够帮助在校学生树立正确的人生观、世界观以及价值观,让学生正确认

识世界、了解世界、思考人生，探索属于自己的光明未来。校园精神文化和美育之间的互动交流能够让学生身心健康发展、人格健全发展，能提高学生的道德水平。

校园精神文化建设需要以校园文化活动为载体。校园文化活动能够承载校园精神，能够将道德要求、文化要求、品质要求融合在活动过程当中，能够让精神层面的校园文化表现在具体的实践活动当中。活动具有群众性、自发性，在参与活动的过程中，学生能够得到知识与情感的双重体验。所以，我们说校园精神文化活动必须注重体验性，只有让学生真正的感受了，学生才能真正内化精神文化，促进自我人格的养成。体验的过程中学生投入了情感，也能在活动当中发现自我、认识自我，从心理学的角度来讲，体验的过程是感受活动蕴含的艺术的过程，如果学生能够全心投入，那么会在活动当中获得沉浸式的体验。体验讲究的是主动、亲身经历、细细品味，体验过程是学生知情意行的互动过程，能够让学生养成良好的人格品德，对学生的发展来讲至关重要。

活动在实施过程中主要涉及两个层面的内容：第一个层面，要做到校园文化活动的丰富多样。校园文化活动能够有效地提高学生的审美性，让审美文化更加丰富、有内涵，这是学生在课堂之外提高美育的主要方式和手段，因此学校应该组织更多和艺术相关的讲座、会演、报告以及交流活动，为学生艺术的获取和提高提供渠道，让学生的艺术需求能够得到更好的满足。第二个层面，要做到审美实践活动的丰富多样。学生的审美实践需要依托各种各样的审美实践活动，也要依托社会上的审美资源，校园文化很多都涉及审美要素，而且表达形式比较新颖，活动格调比较高雅，这些都能够给学生带来审美体验，也是发展高校美育的重要载体。

学校要时刻了解关注社会上的美育资源的发展动态，并且为学生课后美育活动的开展提供指导，鼓励学生参加各种形式的文化演出、文化活动，培养学生感受艺术美、自然美、社会美的能力，形成多层次的审美欣赏能力，不断地提高他们的审美能力。

三、美育课程建设的特殊载体：教师的言传身教

教师的言传身教是指教师以其真才实学、真情实感和真知灼见等被学生所认可和赞同的思想、道德、意志等内在品质，对学生产生的一种具有同化和影响作用的巨大吸引力，是教师的才、情、智、气质、能力、品质、语言等各方面感染力的综合，是教师的内在品质的外在表现。教师的言传身教对学生的人格培养起着至关重要的作用，是以美成人的学生人格养成的特殊载体。因此，在教学实践中，要重视教师的重要作用，重视教师人格力量的教育作用。

（一）良好的性格

性格是人格的核心，性格指的是人心理表现出来的相对稳定的对现实的态度以及人的行为方式。教师应该具备相对稳定的情绪。除此之外，教师还应该关心学生、爱护学生、积极学习、公平公正、诚实守信。教师是学生的榜样，在生活当中要做到知行合一、以身作则，向学生传递正确的思想品德以及价值观念。教师的行为能够指导学生、引导学生效仿。具体而言，教师应该做到以下两点：第一，要有优秀的政治素养，政治方向要正确，当前正处于社会发展的重要时期，教师就是学生政治素养的指导者，教师应该有优秀的政治鉴别能力以及政治敏锐性；第二，教师人品应该正直诚实，只有品行端正的教师才能培养出价值观正确、世界观正确、人生观正确的学生，教师个人就是对学生最好的感召，是学生成长道路上的光芒，对学生美育具有不可替代的作用。

（二）融洽的师生关系与较强的协调能力

师生关系的和谐融洽能够有效地促进教学的顺利进行，师生关系的融洽能够不断地拉近老师和学生之间的距离，能够让学生的学习动机更加充分。和谐融洽的师生关系也能够让教师的工作从职业需要转变为职责需要。所以，教师必须关爱学生、尊重学生、信任学生，对学生有满满的爱，对学生的爱是师生关系融洽的基础与前提，对学生充分的尊重和信任是维持师生关系融洽的桥梁。除此之外，教师还要注重学生的个性发展，欣赏学生身上的不同个性。教师应该具备协调能力、管理能力、沟通能力，这有助于教师表现出乐于沟通、乐于交流的积极态度，会让学生感受到真诚、诚恳、信任以及尊重，自然而然也容易得到学生的认可，对于学生人格的健康发展也有重要作用。师生关系的融洽能够让师生在感情方面表现一致，能够形成强大的师生合力。所以，教师应该认识到个人发展不仅仅是知识和技能的发展，也是情感方面的发展，要和学生平等、和谐的交流，在为人处事、交际待人方面为学生树立榜样。

综上所述，我们发现了教师的榜样作用是巨大的，教师的言传身教能够在无形当中对学生产生巨大的影响，所以我们说教师的以身作则、言传身教是大学生人格素质培养当中的特殊载体。

四、美育课程建设的复合式载体：网络平台和其他学科的美学渗透

复合式载体是指在将两个或是多个不同类型的美育载体有机联系起来并综合运用，达到和谐配合、优势互补，从而发挥最大的教育作用的一种载体。网络是复合载体的一种重要形式，其他学科的美学渗透也属于复合载体。

（一）科学搭建网络平台，推动大学生人格的审美化发展

校园网络在以美成人的大学生美育中主要体现在校园网络艺术教育课程、网络艺术氛围的营造和网络技术互动平台三个方面。

第一，网络艺术教育课程。在互联网时代，课程和网络的结合塑造了一种新型教学资源——网络课程，这类课程依托网络授课，打破了传统课堂时间和空间的限制，网络课程有自己的教学目标、策略、内容，也有自己独特的教学活动。它以网络为桥梁，将课程传递给学生，为学生提供了更好的自主学习方式。网络艺术教育课程非常方便，学生可以随时随地的学习艺术教育课程。除此之外，网络艺术教育课程的教学内容更加形象，可以生动形象地展示各种艺术作品，比如说字画、音乐、演出剧目等都可以通过网络的形式更好地展现，这是传统课堂无法实现的。所以我们说，网络艺术教育课程能够有效地提高学生的审美，促进美育教育的发展。

第二，网络艺术氛围的营造。传统美育教育主要依托书籍、报刊或者广播，这类资源和媒介能够提供的知识数量是有限的，而且知识的更新速度比较缓慢，不太能吸引学生的注意力，但是网络不同，网络上有大量的艺术知识信息，而且信息更新速度非常快，学生可以通过互联网拥有信息、掌握信息。

第三，网络技术互动平台。网络为交流提供了多种模式，既可以一对一交流、一对多交流还可以多对多的交流，所以相比于传统的美育媒介，网络有更多的优点。师生使用网络能够获得更多的交流空间、交流机会，而且学生不再只是信息的接收者，学生也可以成为信息的发布者，只要学生参与进来，他就可以成为交流主体。网络形式的交流使教师和学生之间的关系产生了变化，双向的交流使学生能够及时接受教师传递的教学信息，并且能随时将教学反馈信息传给老师，教师也可以根据学生传递回来的反馈信息有针对性的指导学生的发展，能够让学生更好地认识美、感受美，让学生更好地调整自己的情绪，完善自己的人格。

综上所述，我们发现，在学校美育教育的过程当中，网络因为其便捷、丰富以及交互性的特点获得了学校、教师以及学生的青睐，无论是在教育方面、文化训练方面还是师生的互动方面都有不可替代的作用，是学校美育教育的重要载体。

（二）其他相关学科的美学渗透

在审美教学过程当中，教师必须善于发现美的元素，向学生传递审美因素。

无论是哪类学科都有独特的美，都具有审美价值。举例来说，理工类的教师在教学当中要展现分割、比例以及曲线美，让学生感受到创造美，体验创造美的

魅力；体育类的教师可以让学生在运动的过程中感受形体美；技术类的教师可以在教学的过程中让学生感受到科学美；德育教师可以让学生在教学过程中感受到德育美。德育课程和美育的内容是一致的，而且二者的价值取向也是一致的，都追求真善美。

这些都能够提高审美教学效果，也能更好地吸引学生的兴趣，激发学生的创造力，让学生在感受美、体验美的过程当中学习科学文化知识。

第三节 高校美育课程建设的方法

一、知识传授

美育中的知识传授法是指将美育的基本知识或常识直接通过课堂教学等方式向受教育者输送传递的方法，是大学美育中最基本、最常用的教育方法。

知识传授法方式多种多样，主要有知识讲授法、学习宣传法等。知识讲授法是教育者通过口头语言向受教育者传授美学理论的教育方法，这是一种应用最广泛的理论教育法。运用知识讲授法必须注意几点，一是注意讲授内容要正确，讲解的知识、概念应具有科学性。二是讲解既要全面、系统，同时又要找到理论与实践的结合点。三是讲解要采取启发式，循序渐进地进行引导，防止注入式、"填鸭式"。学习宣传法是运用各种传媒方式和舆论方式向学生传授美学理论知识的方法。这种方法主要通过邀请专家给学生进行一些美学知识讲座，读书辅导来宣传美的思想，引导学生思考。学习宣传法系统性强，覆盖面大，影响范围广泛，它不仅仅影响受教育者，而且能营造良好的舆论环境，促进和引导学生自觉学习。

知识传授法的基本特征有：一是直接性，即在审美教育过程中，教育者与受教育者都明确意识到在开展或接受教育。这一特征要求传授法必须在受教育者发自内心接受教育的前提下才能有效实现。二是系统性。知识传授一般是一个相对长期的教育过程，面向比较稳定的受教育者群体，开展教育的时间、地点也比较固定。这就为教育者进行充分的教育准备，完整、系统、有目的、有计划、分步骤、分阶段地开展审美教育并提供了现实可能。三是易普及性。知识传授简单易行，一般而言，只要有一两名专业的美育理论教育者和足够大的教育场所，就可以面向上百名甚至数百名受教育者同时开展。

通过在课堂上普及美育，教师不仅传授美学基本理论知识，还要引导学生认识美的起源、本质、规律，认清审美对象的价值，掌握欣赏美和创造美的原则和基本方法。在日常学习、工作、生活中，让学生亲身体验客观世界和人自身的美，对真善美和假恶丑进行比较鉴别，予以正确评价。例如，教师在讲授"社会美"这一问题时，可引导学生对照自己，找出差距，确定目标，不断要求完善自我，重新找到自己的合适定位。学生对美的认识和体会总是感性的东西多一些，理性的东西少一些，因此，难免美丑不分、高下难辨。通过对美的知识和理论的学习，从理性上帮助学生认识美的本质、规律、范畴、形态，了解各种艺术的基本常识，从而提高学生欣赏美的能力，促进学生人格的和谐发展。

二、实践体验

《论语·述而》："三人行，必有我师焉。""行"字本意为走、步行，引申意为实践，与理论相对。美育中的实践体验法是指通过组织大学生参与各种审美实践活动，在实践中体验真实的美，从而提高审美能力、促进人格发展的方法。这是一个通过改造客观世界来改造主观世界的过程。一般来说，实践体验法主要包括参加校园活动、劳动实践、参观访问等方式。

实践体验，强调的是受教育者通过对亲身体验，在实践过程中社会化并对美的理论原则形成更深刻和准确的认识，提高学生审美、创造美的水平与能力，使个体身心得到和谐发展。体验基于亲身实践，由自己的感官、自己的认识领悟、自己的情感和生命体验达成"意义世界"和"价值世界"，最终形成对美的态度。我国学者普遍认为，"在体验世界中，一切客体都是生命化的，都充满着生命的意蕴和情调"。体验"可以超越经验达到理性；超越物质，达到精神；超越暂时，达到恒久"。

美育实践体验法的主要理论依据指出，社会实践是人的正确思想形成发展的源泉，是人的思想发展的动力，是人的思想认识的目的，也是检验人的思想观念是否正确的唯一标准。以美成人的美育中的实践体验是学生亲历对象引起相应的心理变化的活动。亲历是实践体验的本质特征，其中既包括实际的亲身经历，也包括心理上虚拟的经历，即亲"心"经历。实践体验是一种综合性反应，是知情意行的统一活动。通过实践，人的一切外在现实主体化、内在化，成为人内心生活的有机成分。

实践体验法在以美成人的美育中起着不可替代的作用。通过组织大学生感受现实审美生活，一方面可以使其在感性认识的基础上验证已经学习掌握的美育的知识和理论，有利于强化审美理论教育的成果；另一方面可以在实践体验中获得新的感受，使个体的审美需要得到满足和提高，促进学生身心的协调发展。

在美育过程中实施实践体验法时要遵循的原则有：一是要建立实践体验的长效机制。实践、认识，再实践、再认识是一个无限循环往复的过程。大学生的审美观具有一定的波动性，期望仅依靠一次的实践活动就能达到提高审美能力的

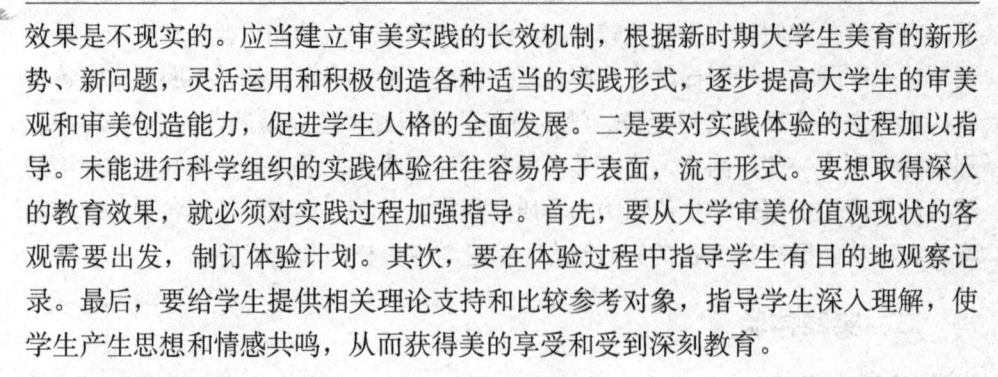

效果是不现实的。应当建立审美实践的长效机制，根据新时期大学生美育的新形势、新问题，灵活运用和积极创造各种适当的实践形式，逐步提高大学生的审美观和审美创造能力，促进学生人格的全面发展。二是要对实践体验的过程加以指导。未能进行科学组织的实践体验往往容易停于表面，流于形式。要想取得深入的教育效果，就必须对实践过程加强指导。首先，要从大学审美价值观现状的客观需要出发，制订体验计划。其次，要在体验过程中指导学生有目的地观察记录。最后，要给学生提供相关理论支持和比较参考对象，指导学生深入理解，使学生产生思想和情感共鸣，从而获得美的享受和受到深刻教育。

三、环境熏陶

"染"字，源于《墨子·所染》中"见染丝而叹曰：'染于苍则苍，染于黄则黄。所入者变，其色亦变。'"染字，形声，从水，杂声。一说从木、从水、从九，会意，古染料多来源于植物，故从木；染料须加工成液体，故从水；染须反复进行，故从九。本义：使布帛等物着色。美育中的环境熏陶法是指通过活生生美的事物、无形的各种文化，弘扬的主流意识形态，使受教育者在无意识、不自觉的情况下，受到影响、熏陶、感染而接受美育的方法。

青年大学生思想活跃、情感丰富，又有一定的文化科学知识基础，多数学生身上具有诗人的品格和浪漫主义气质，其情感易被激发。生活环境本身就是他们学习的重要组成部分，与他们联系密切。将审美价值观教育化解到他们熟悉的生活中，运用环境熏陶感染的方法对他们开展教育往往会取得事半功倍的效果。社会、家庭和学校构成了学生生活的整体环境，对于大学生来说，校园是他们学习和生活的主要场所，具有校园特色的人文氛围、校园精神和生活环境是美育的重要途径，同时，也对大学生人格养成具有重要的作用。因此，以美成人的美育中，环境熏陶法的主要载体就是校园文化。

大学生的健康成长离不开健康的校园环境，大学生的素质教育离不开良好的校园文化氛围。首先，建设良好的校园环境，让学生一接触便感到赏心悦目、舒适得体，会引导人的审美情趣、提升审美格调，这是一种强大的教育力量。具有一定文化且和谐的建筑构造，绿树婆娑、花木扶疏的校园绿化，干净、整洁的教学生活环境让学生在校园的每一处都能感受到文化、文明和美。柏拉图曾说："就应该找一些有本领的艺术家，把自然的优美方面描绘出来，青年们像住在风和日暖的地带一样，四周一切都对健康有益，天天耳濡目染于优美的作品中，像从一种清幽境界呼吸一阵春风，来接受他们的好影响，使青年们不知不觉地从小就培养起对于美的爱好，并且培养起融美于心灵的习惯。"其次，校园文化活动的开展为学生发现美提供了良好途径，增强学生的心理体验。发现美是审美的前提。学校里的各种社团组织以及组织开展的各种活动，如读书会、演讲会、朗诵会、文学社、科学兴趣小组等，从读书、影评、音乐会等活动中去发现、体验艺术美。艺术美以其巨大的美的形象感染力，震撼学生的心灵，滋养和熏陶学生的情操，逐步增强学生对真善美的心理体验。最后，在学校中，科学的教育管理制度，民主的教育方式，良好的校风学风，平等和谐的人际关系，丰富多彩的文体活动和良好的校园文化氛围，犹如纯净的空气，适时的春雨，使学生受到潜移默化的影响，自觉成才，对学生的健康成长产生积极作用，使他们在行为、语言乃至心灵受到熏陶，并构筑起高尚完善的人格，使个性品质得到全面发展。运用环境熏染法，需要把握两个原则：一是形式上要喜闻乐见，要具有一定的吸引力和感染力，才能获得学生情感上的共鸣，达到熏陶教育的目的。二是注重发挥学生的主体性作用，引导和鼓励学生多参加各类文化活动，多创造高水平的文艺作品，让学生在参与和创造中受到感染。

四、自我教育

美育中的自我教育法是指受教育者按照审美目标和要求，通过自我学习、自我修养等方式发自内心地接受欣赏美、创造美的方法。

心理学家认为，18岁左右的青年正处于青春期，这是从少年向成人的过渡期。这时的青年在心理上的独立意识已经形成，有较强的思辨能力和观察能力。他们常常以批判的眼光看待事物，其实更相信自己的判断。因此，大学阶段正是人的思维方式的塑造时期，也是价值观、人生观、世界观的形成时期，对人格发展产生极为重要的影响。

以美成人的美育自我教育法具有自觉性和主动性特点，是受教育者为了提高自己的审美能力而进行的审美过程。它的主要依据是辩证法中关于外因通过内因起作用的原理。只有包含自我美育才是真正的美育，因为教育者的教育活动只是一种外因，永远不能取代教育者的认识、内化活动和实践外化活动。

自我教育在以美成人的美育过程中具有十分重要的作用，是提高大学生审美水平，完善大学生人格的有效途径。自我教育的作用：一是有利于教育者和受教育者融为一体。以美成人的美育是他育与自育的有机结合。教师的他育是学生自我教育的基础和前提，而自我教育是教师教育效果的关键和保障。自我教育能充分发挥受教育者的主观能动作用，使教育者自觉、主动、积极地进行自我学习、自我修养，提高了受教育者的审美水平，塑造了大学生健全的人格。二是有利于增强教育者的自我教育能力。"教是为了不教"，受教育者只有具有自我教育能力，才能自立、自为。因此，以美成人的美育的自我教育的过程，实质上是一种提高学生审美修养的过程。在自我教育过程中，学生自我学习、自我发现，逐步增强了当代大学生的审美能力，完善了审美心理结构，提高了人格的协调性。

美育过程中实施自我教育法时要注意三个问题：第一，强调自我教育与强调他教是高度一致的。在对美育中自我教育的强调，是基于美育的个体性和美育目标实现的自我建构性，但绝非意味可以降低对美育实施者的要求，相反，恰恰提高了对教师的责任和要求。实施自我美育要求美育实施者必须具备更高的教育责任感和教育艺术。第二，自我教育实施个体的教育，强调个体在美育中的责任和积极性。强调自我教育，恰恰是强调了集体教育，强调了学生在互动交流中实现的个体的审美培育。第三，自我教育不是故步自封、闭门造车，而是强调个体要勇于在生活实践中受教育，要把理论学习、艺术体验和社会实践紧密结合起来，在实践活动中不断提高自己的审美能力，养成良好的人格品质。

第四章　高校美育与创造力的发展

第一节　美育对创造力发展的影响

一、美育与创造力的联系

美育是通过审美活动有意识、有目的地提高人们的审美能力和审美情趣，培养崇高的审美理想的教育。美育的显著特点是以情感人，陶冶人的情操，促进人的智力开发，提高人的修养，使人全面健康地发展。

创造力是在已有知识经验的基础上，进行想象、加工、构思，以新的方法解决前人未曾解决的课题，其心理实质是思维与创造性想象高度结合的产物。创造力的核心是创造性思维，它是在知识和经验的基础上发展的思维能力，表现为复杂的心理过程，是感知、想象、情感和理智诸心理功能要素的交融综合，是意识和无意识的统一。创造性思维的特点是，在它发生时，往往超越一般逻辑思维方式，而是以一种形象的、整体性和跳跃式的方式，直接而迅速地产生思维成果，这一点与审美教育有相同之处，也体现了美育和创造力的内在联系。

美育对创造力的发展具有直接的推动作用。在审美教育中，认识真善美，激发对真善美的追求。在审美活动中，拓展视野，获取知识，增长智慧。审美能力的发展，能有效地提高主体的观察力、理解力、想象力，故而能够增强和促进人的创造力。

创造力的发展由智育和美育共同影响。智育给人以丰富多样的知识，培养人的认知能力、思维能力。智育提供创造力发展的基础。智力的发展能增加人的文化素养，增添审美情趣，加深审美感受，提升审美能力。美育以美益智，促进创造力的发展。同时，美育能够强化感性认识，升华理性认识，促进个体认识发展，开发智力潜能，还能促进形象思维发展，审美的联想和想象，有助于思维的拓展和发散，使人更自由地进行创造活动。美育和智育彼此渗透，互相促进。

二、美育促进创造力发展

人的创造力由多种因素构成,主要包括直觉、创造性思维、创造性想象、灵感和美感等,而美育与这些因素的发展有极其密切的关系。

(一)激发创新意识

人类对美的理解和追求,始终与对自然和社会的认识紧密联系在一起。希腊美学家醉心关照宇宙的美,向宇宙做无限的追求。苏格拉底把美和效用相联系,提出美的事物是有效用的。从柏拉图的理式论,到亚里士多德在事物本身中寻找美的根源,再到现代人对美的探索,无不见证着人们对美的认识和追求,是随着对自然和社会认识逐渐深化的,其本身就是一个不断探索和创新的过程。以美启真是美育的功能之一。以美启真就是通过美育,以感性、直观、领悟、灵感等非逻辑性的思维来启迪、引导并发现真理。大学生能够在审美活动中,提高文化素养,增强审美修养,在对真的认识过程中,极大地丰富感性认识,从而实现感性向理性的飞跃,获得对事物本质的认识。

(二)开发创新认知

1.培养敏锐的感受力

所谓感受力,就是人对外界刺激的感觉能力。人的感受力不是固定不变的,它会因生活和实践的要求不同而有很大的提高或降低。敏锐的感受力可以通过审美实践活动不断提高,因为审美对象是广泛存在的,审美活动要求审美主体对美的事物要有敏感性,审美感受力的不断提高是审美能力发展的表现。而对事物有敏锐的感受力,是培养创造力的重要因素之一。科学发展的历史证明,具有创造性思维能力的人都是一个敏感体,无论是树上苹果给牛顿的灵感,还是水壶烧开水给瓦特的启示,都能看到有些对常人来说司空见惯的事物,对于有敏锐感受力的人来说,却可能带来一个新思路、新发现或新发明的诞生。审美教育能极大地促进大学生对美好事物的敏锐感受力,进而提高个体对周围一切刺激物的敏锐感受力,激发灵感,发展创造力。

2.增进丰富的想象力

想象是人对头脑中已有的表象进行加工改造并创造出新形象的过程。想象不是凭空产生的,它是以过去现实中的感知,以存在的事物形象为原料加工改造成的新形象。可见,头脑中已有的表象对想象力的发展有至关重要的基础作用。而审美活动对象就是各种自然和社会事物,其特点是形象性。审美教育可以极大地丰富大学生头脑中的形象,为丰富想象力储备大量的表象材料。同时,审美活动本身离不开想象,如对文学艺术作品的欣赏,没有想象,审美活动就无法进行。

想象力往往是产生创造性思维的一个触点。

3. 发展形象的思维力

按照思维要解决问题的内容,思维可分为抽象思维和形象思维。抽象思维是运用概念进行判断、推理的思维活动,它是借助于词语、符号来思维的。科学上多用抽象思维的方式认识世界。形象思维是借助于形象进行思维的。艺术上多用形象思维的方式认识世界。审美离不开具体的审美对象,它更多地运用形象思维,因而,美育在促进形象思维发展中,具有极为重要的作用。形象思维以具体性和多样性见长,且更具创造性。因此,通过美育发展形象的思维力对开发创新认知有着重要影响。

(三)发展创新品格

美育通过一个个富有个性的、拥有创新精神的审美对象,在教育人、感染人的同时,也在培育着人的创新品格。因为只有不落窠臼,富有创造性的东西,才更有审美价值。艺术与创新总是密不可分的,艺术欣赏与想象和联想也是不可分割的。创新是艺术的品格,是美育的重要功能之一,其在于培养人创新的品格。审美教育促进大学生个性发展,主要在于意志自由的选择和观念表达的多样,不断活跃着他们视角、思维、理想,孕育着发现发明的情感冲动,潜移默化地塑造着创新的品格。美育在培养大学生对美的追求和对真的探索中,可以提升生活情趣,提高道德水准,进而加深对人类发展的根本问题的认识,内化为对人类命运关注的情怀,从而激发发明创造的热情,积聚持久而坚忍的意志,把握好用聪明才智造福人类的正确方向。

第二节 美育对创造性思维发展的影响

美育在促进个体审美能力发展的同时,也在促进创造性思维的发展。如果说德育偏重于伦理,智育偏重于认识,体育偏重于身体,那么,美育则始终为创造性思维的发展提供了广阔空间。

一、美育教育的核心是培养人的创造性思维

人们在读小说或看电影、戏剧时,都是随着既定的内容发展变化而去思考,最后的结果也是由其过程所决定,即以被动思维为主。人们在欣赏音乐时,如交响乐欣赏或无标题音乐欣赏,在这个过程中,"读"者没有完全受到过程的制约,特别是对结果的定论,完全可以由"读"者的想象给出一个答案。

当下,我国大学生接受的大多是定式教育,学习的结果是由过程所决定的。

当然，这也是一些学科的属性决定了的，如数、理、化等。但是，从对人的培养角度来说，这是有所欠缺的。我们的教育理念还应该对学生更重要的另一方面给予培养，即美育式的创造性思维培养。这样才能达到人的思维平衡发展，培养出来的人才是符合社会发展需要的比较全面的人才（道德教育、理想教育、自立教育、合作互助教育等均在其中）。

我们通过听觉得到的完整信息，都可以用形象思维来处理，其结果（答案）可以是迥然不同的。而通过视觉得到的信息，其结果基本上是一致的。

大型音乐作品欣赏，其在体裁上像一部戏剧、一部电影或一部小说，有故事情节，当然，音乐的"故事"不像语言文字那样，反映得很具体。音乐是抽象的，需要形象思维（主动思维），听者可以根据自己接收到的音乐信息，充分发挥自己的想象力，特别对于无标题音乐，想象的内容可以是零碎的。但有一点必须清楚，要有基本的音乐之耳，快乐不能理解为悲伤，反之亦然。快乐或悲伤可以是各式各样的。例如，10个人同看一部小说，你问他们内容和结果，回答都大体相当（这种思维是没有得到创新锻炼的）。但是，10个人听同一部音乐作品，其回答的内容和结果绝对没有都相同的（原因是他们已在发挥不受约束的创造性思维），这就是音乐的主要功能，即可以培养人的独立思维和创造性思维。例如，一段描写雷雨的交响音乐，作品运用绚丽的配器、富有生气的音乐形象，极不协调的和弦，以及高亢威力的铜管声部，加上弦乐和木管声部的半音阶快速演奏，使风、电、雷、雨的描写达到了逼真的效果。有的人听后感觉是描写一幅风雨大作、雷电交加的险恶情景；也有人听后感觉是在某农村持续的干旱后，农民期盼已久的雷雨终于来到了凡间大地的喜悦情景。同样一段音乐，有人感觉险恶临近，有人感觉喜悦到来（这就是主动思维、形象思维、创造性思维，当然，听者的不同经历和修养程度会导致不同结果）。

一段描写大自然的优美动人的音乐，也会给人以不同的想象结果。像鲍罗丁的交响音画《在中亚细亚草原上》。由于配器上的艺术处理，听者就会产生两种不同的反应。第一种：感叹草原的美丽，大自然中的任何东西都不可能比它们更美丽了。整个地面形成一片金色带绿的海洋，上面点缀着千万朵各种各样的花。鹧鸪伸长脖颈，在麦穗的细根下面游窜。一只鹏从草丛里有节奏地振翼飞起，飘逸多姿地浮游在空气的蓝色波浪里。第二种：平原上麦子黄了。黎明的风，带着清新的香味，轻轻地从麦梢上滑过。麦秆柔和地摇动起来，沉甸甸的麦穗便一起无声地摇曳着。成群的麻雀，愉快地吱吱叫着，穿过这轻薄的气流从麦田上空飞过。太阳出来了，白色的气流变成了红色；风继续吹过来，气流飘散了，太阳便以它最初的赤金般的颜色覆盖在麦田上；麦田便像海一样，泛起一片金光，涌起无边无际的金色麦浪。他们在聆听的过程中，音乐是相同的，但进入他们的大脑

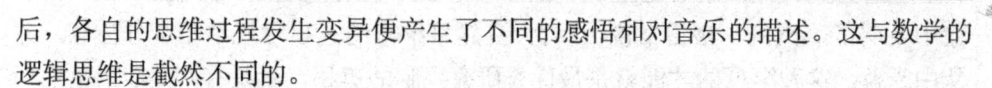

后，各自的思维过程发生变异便产生了不同的感悟和对音乐的描述。这与数学的逻辑思维是截然不同的。

对一部音乐作品的感受，人们可以根据现实生活中的各种现象加以选择、综合，然后创造出具有一定思想内容和审美意义的具体生动的结果（答案），这时，人的思维活动是主动的、有感情的、有创造性的……这在潜移默化地提高人的思维素质，也是音乐艺术区别于其他运用概念、论证、推理等方法科学属性的一种反映现实的特殊手段。

创造性思维的具体体现是形象思维（形象思维本身就是创造），它一般不脱离具体形象，而只是舍弃那些纯粹偶然的、次要的、表面的东西。其与逻辑思维不是相互排斥的，而是相辅相成的。听者的思维是在平时通过对现实生活进行深入观察、体验、分析、研究之后，通过想象、联想、幻想等，其伴随着强烈的感情和鲜明的态度，运用集中概括的方法，创造出完整而富有意义的结果——艺术形象，以表达自己的思维观点。

当然，这种创造性思维的培养有它的科学性，即由易到难、由浅入深、循序渐进，手法丰富多彩，类型各异。笔者不提倡学生死记硬背，而是建议学生到图书馆、书店自己找参考书，养成独立思考的研究习惯。高校要多设置实践课、讨论课，让学生畅所欲言，发表见解，轮流叙述他们自己的见解，使人人都有参与的机会和主动思维的能力。

音乐是富于创造性的，它具有不可定向的特点。个人的领悟和情感不同，对音乐的创造也各有不同。音乐作为一种情感艺术，它的魅力在于能给人一种驰骋想象的空间。一个人一生中没有想象或不会想象，那他的人生是苍白的；一个民族如果缺乏想象，其前景是可怕的。

在思维方面，不同年龄、不同学段的学生创造性思维类型也有所不同。教师要爱护学生处于萌芽期的思维内容，并善于引导，将学生不完整性的思维游离引导到理性的自觉平台上。在唤起学生的创造性思维工作中，教师要把自己放到与学生平等的位置上，营造民主气氛，这有助于学生心理上的放松。在轻松的环境下欣赏音乐，就连少数缺乏自信心的、有自卑感的同学，也会被激发思维的积极性。

二、美育可以发展思维的功能

（一）美育发展思维敏锐性的功能

敏锐性是创造性思维的第一个品质。具有思维敏锐性的人，善于捕捉那些微不足道、转瞬即逝的现象或特征，善于在别人司空见惯、习以为常的地方发现问题。牛顿从苹果落地的现象中发现了万有引力定律；瓦特从水蒸气冲动壶盖的现象中发明了蒸汽机。格雷格说:"对大自然最细微的逸出常规举动十分注意,并从中受益,这种罕见的才能就是最优秀研究头脑的奥秘,就是有些人能出色地利用表面上微不足道的偶然事件而取得显著成绩的奥秘。在这种注意的背后,则是始终不懈的敏感性。"

美育具有发展思维敏锐性的功能。就认识角度而言,审美感知不是一种机械的复制,而是一种主动的反映,过去的经验在内心积淀种种"图式",某些特定的期望决定选择哪些"图式"。这种"期望"和"图式"总是自觉或不自觉地支配着人的知觉活动,使人的知觉选择某种事物的一个方面或几个方面,而抑制和舍弃它的另外一些方面;使某些方面突出、鲜明、生动、活泼,而使另外一些方面模糊、沉寂或消失。与普通知觉相比,审美知觉不是和功利目的联系在一起,而是和美的形式联系在一起。这种对美的形式的敏锐性,在艺术美的创造中尤为明显。一名优秀的艺术家往往能捕捉到那些最激动人心的瞬间和最具代表性的素材,塑造出独具特色的艺术形象。倘若审美感知能力迟钝,没有"音乐感的耳朵",没有"感受形式美的眼睛",再美的音乐和图画也毫无意义。固然,人的审美感知与人的修养、禀赋、才华、气质等密切相关,但对审美感知能力影响最大的却是后天的审美活动。艺术对象创造出懂得艺术和能够欣赏美的大众——任何其他产品也都是这样。因此,生产不仅为主体生产对象,而且也为对象生产主体。这就是说,经常接触艺术,受到美的熏陶和感染,不但能提高人的审美感知能力,而且对于发展思维的敏锐性有不可低估的意义。

(二)美育发展思维灵活性的功能

灵活性是创造性思维的一个重要特征。它主要体现在人能摆脱思维定式的消极影响,从新的角度去考察研究对象,并根据观察和实验结果的变化,及时修正自己错误的观点和假说,使思路能够不断服从变化的客观现实。被誉为"近代化学之父"的道尔顿,克服当时化学家解释混合物和化合物区别的亲和理论的思维定式,从大气物理的角度进行考察,最终澄清了许多化学家迷惑不解的混合物均匀问题,提出了元素化合的倍比定律和"化学原子论"。许多科学实践证明,越是解决带有突破性、前瞻性的问题,越需要思维具有高度的灵活性。思维的灵活性源于信息、材料、经验、表象的广阔性。在审美活动中,由于想象活动的参与,使思维的灵活性和广阔性得到了空前提高。想象借助黏合、夸张、变形、浓缩、抽象等多种方法,对感知材料进行充实、丰富、抑制或削弱,从而创造出大量的审美意象。例如,埃及的狮身人面兽、传说中的美人鱼、神话中的九头鸟等都是在艺术想象基础上进行再加工的结果。可见,想象为现实生活中不存在的意象及其建构开辟了无限的广阔性。在想象中,一切事物的界限都显得模糊而沉寂,生活经验、逻辑规律、时空限制、物种区别等都不复存在;幻想与现实、历史与未来、现象与特征、本质与规律、假说与理念等都融为一体，从而使个体的创造性思维获得了无限的灵活性和广阔性。

（三）美育发展思维整体性的功能

思维的整体性是指全面占有外来信息，从整体上综合地揭示研究对象的本质和规律。马斯洛指出，对于伟大的科学家和艺术家来说，"他们全都是综合者，都能把分离的甚至对立的东西纳入一个统一体中"。我国杰出的科学家竺可桢，从青年时期到逝世前一天，几十年如一日，每天观测当天的气温、气压、风向和湿度等气候要素和物候变化。在别人眼里，这些观测到的数据，可能是孤立的、零散的、杂乱无章的。而竺可桢的光辉创造，就在于他从尊重自然界的规律性出发，整体地应用他观测到的全部数据和搜集的资料，写出了内容丰富的《物候学》和《中国近五千年来气候变迁的初步研究》等重要著作。

美育具有发展思维整体性的功能。因为审美就是从整体上把握现实。在审美过程中，审美感官的感觉不是孤立的，感觉与感觉之间存在相互联系，并且迅速过渡为知觉，形成对于事物的各个不同的特征——形状、色彩、光线、空间、张力等要素的完整形象的整体性把握。这种知觉整体虽然是由各个要素构成的，但绝不是要素之和，而是一种全新的整体。客体本身并非就是"整体""完形"，这个整体是主体知觉构建的结果。主体知觉首先感知到对象的整体，然后才关注整体中各个要素、部分。例如，观赏风景，欣赏者并不只是欣赏一棵树，一块石，一条溪流，而是欣赏由山林石泉所构成的完整画面。欣赏文学作品，并非是认识若干词语和句子，而是通过语言描绘在脑海里形成想象性的完整形象。听一首曲子，也不是孤立地感知一个个音符，而是感知它的整体结构，即旋律及其组成的音乐形象。由此可见，审美即对事物的整体把握。通过美育发展审美能力，很重要的一点就是增强个体从整体上综合把握事物的能力。这种能力在构造与思维的整体性上有一定的同构关系。在审美过程中，知觉与想象具有运用完形组织原则处理感觉材料，对知觉对象进行综合、叠加、黏合、变形、补充和夸张，形成新的审美意象的能力。因此，以培养审美能力为主要任务的美育应当包含发展思维整体性的功能。

（四）美育发展思维独特性的功能

独特性是创造性思维的本质特征，它主要体现在对思维成果准确、有效的揭示和新观点、新理论、新模型、新图式的构建上。哥白尼的"日心说"、爱因斯坦的"相对论"、魏格纳的"大陆漂移学说"等，都是运用思维的独特性，进行重新建构的结果。

作为艺术教育的美育，充分鼓励思维的独特性。因为，艺术就是创造，艺术美的主要特征是独特新颖，不可重复。例如，同一个描写田园风光的题材，在不同的艺术家手中，有抒情的，有状物的，有造型的，有想象的，有夸张的，有写意的……风格各异，迥然不同。难怪有人说，艺术就是一种"魔术般的形象综合"。事实上，在艺术创造的过程中，艺术家往往要突破常规，发现或重组未曾发现、未曾组合、未曾体验过的新的结构或关系，从内容到形式，独出机杼，竭力创造出独特新颖的艺术作品。虽然这种艺术作品有时候表现为追求时髦和肤浅，有时候表现为意蕴深刻和独特，然而它却在一定程度上发展了思维的独特性。不仅如此，在自由的审美过程中，主体还可以放弃过去那种有目的、有方向的思维活动，而任想象力自由飞驰，在自由联想的过程中，构造出独特性的审美意象；而过去那些遮遮掩掩的诸多想法，便完全可以在自由的审美过程中付诸实践；那些曾被蒙上尘埃的个性特征，便在一定程度上恢复了真面目。此时，主体是快乐的、满足的，处于一种身体无痛苦、灵魂无忧虑的状态，并尽可能通过更多的关照来调整自己的心态，运用自己的知识，独立地发现问题、分析问题和解决问题，在审美活动中，养成自己独特的个性品质，从而成为一个富有独创性的人。

三、美育可以培养和激发创造思维

（一）美育与灵感思维

在创造发明活动中，科学家和艺术家有时会陷入困境，苦思冥想，不得其解，却因某种启发，茅塞顿开，突然领悟，产生创造火花，这种心理状态通常被人们称为灵感。由于灵感的到来带有偶发性，思想者本人也说不清它的来龙去脉，所以它常常被披上神秘的面纱。唯心主义者用神赐、天才、无意识来解释它。柏拉图说，灵感是神赐的迷狂。苏格拉底说，教育是灵感的源泉。本格森则强调，灵感是先验的本能。其实，灵感是一种创造性思维形式，是一种短暂的最佳的创造状态。它在本质上是大脑经过紧张的思考和专心的探索之后而产生的思维质变，也是思维活动中渐进过程的中断和升华。

灵感的出现需要有一定的诱因，而通过艺术活动所积淀的艺术修养和正在进行的审美活动，则为灵感的产生提供了经常性机遇。爱因斯坦在构思相对论的论文时，"喝完了咖啡就走到钢琴跟前，开始弹琴，时而弹几下，时而停一会儿，记下一些什么……然后回到楼上的书房里，谢绝了别人的打扰，两个星期之后，他说自己写的是相对论。"虽然我们不能牵强附会地断言，是弹钢琴弹出了相对论，但是，我们可以肯定弹钢琴给他带来了灵感。科学史上类似的事例还有很多，例如，开普勒关于行星运行第三定律的提出，是受了他家乡和谐曲的启迪；威尔逊设计的世界上第一个"云雾室"，在很大程度上得力于欣赏山顶白带似的云雾引起的联想。

灵感产生的关键阶段，需要主体给意象的转换造成一种有利的心理状态。这种心理状态正是艺术创造和审美活动中要求的那种精神上的解放和自由。事实上，经过长期艰难的探索之后，创造者受到美的熏陶和感染，必然会产生一种极其自由、和谐的心理状态，使主体的感性与理性、准备与顿悟、兴奋与抑制、意识与无意识、能力与潜能、理念与直觉等得到充分的沟通与契合，从而达到"一种自我、本我、超我和自我理想的融合，一种原发性过程与继发性过程的融合，一种快乐原则与现实原则的融合，一种毫无恐惧的、能够使人达到最高成熟的健康回归，一种人在所有水平上的真正的整合"。此时，主体目标集中，浑然一体，思路敏捷，思维活跃，想象飞驰，联想丰富。各种意象，迅速组合，快速转换，创造者的创造力产生质的飞跃，创造力新的效应出现了，灵感迸发。可见，通过审美教育获得的审美心境不仅是灵感产生的催化剂，还是自由审美之所以成为灵感钥匙的内在心理成因。

（二）美育与直觉思维

直觉是创造性思维的一种基本形式，其本质是大脑对事物的瞬间判断。通常人们通过感性器官的感觉，只能认识事物的现象；而理性的直觉却能直接洞察事物的本质，并产生有价值的设想和预见。所以，许多科学家常把直觉看成是创造的起点，是创造性思维的源泉。《创造力和直觉》一书中写道："对于物理学进一步发展来说仍然是不可缺少的抽象思维能力，只靠自己是不能起作用的。它总是以直觉能力的存在为其前提，而直觉能力在古代希腊的天才和中国的天才那里都是天赋甚高的。看来重要的问题在于直觉与抽象之间的平衡或协作。"

美育是美感教育，美感作为自由感受渗透着理性的直觉能力。贝弗里奇指出："有相当部分的科学思维并无足够的可靠知识作为有效推理的依据，而势必只能主要凭借鉴赏力的作用来作判断。"他把这种鉴赏力描写为美感或审美敏感性。按康德的哲学术语，称之为审美判断。

审美判断和逻辑判断不同，它的根据不是概念而是直觉。这里所说的直觉虽然不同于审美直觉，但共同的本源使得两者之间有许多相通之处。事实上，人们在欣赏美时，无论是一幅画，还是一处风景，不需要做出逻辑的分析与推理，就可以迅速地得到审美直觉的感受和判断。只要主体掌握的信息是全面的，这种感受和判断在一般情况下与主体严密的逻辑分析结果是一致的。这是因为主体在对过去见过的许多相似的形象做分类编码储存时，已有意或无意地进行过抽象的、理性的、观念的分析和判断，也就是说，对美的对象的抽象和分析已实际地体现于审美直觉。显然，审美直觉不是单纯感性的猜测与估计，而是感性渗透着理性，是直观的，又是推理的。因此，通过音乐、绘画等审美艺术活动，不仅能训练人的审美感知能力，而且从听觉、视觉等方面发展着人的直觉思维能力。

（三）美育与想象力

想象力是创造力最本质的内涵，缺乏想象力就意味着创造力的匮乏。培根说："想象因为不受物质规律的约束，可以把自然界里分开的东西联合，联合的东西分开，这就在事物之间造成了不合法的配偶与离异。"然而，正是这些不合法的"配偶"与"离异"，为科学的创造、发明开辟了比逻辑思维更为广阔的通道。

美育是培养和训练想象力的最佳途径。在美育过程中，主体被带入想象世界中，使想象空前丰富和活跃起来。由于审美想象较少受对象本身条件的制约，并且完全不受直接物质功利目的的限制，所以它不仅是一种再现已有的物态形象的再造想象，更重要的还是一种创造性想象。然而，无论哪一种想象，都能打破时空条件的具体限制，追溯过去，展望未来，调动表象储存，重新组合，创造出具有独特审美意蕴的全新意象。正如刘勰所说："寂然凝虑，思接千载；悄焉动容，视通万里；吟咏之间，吐纳珠玉之声；眉睫之间，卷舒风云之色。"审美想象的这一特征，使得主体能够领悟到"言外之意""弦外之音""象外之旨"，对客体的评价和判断更加深刻，能够获得更为新颖的、独特的审美意象。事实上，科学结论即将产生的瞬间，推理活动既不单纯借助于理性概念，也不借助于事物的直接形象，而是借助于意象。科学技术的创造与发明，正是在想象中这些意象筛选、碰撞、联系、组合的产物。

第三节　美育对科学创造的影响

一、科学美

（一）科学美的实在性

通常认为，科学的王国是枯燥乏味的，这其实只是对不懂科学的人而言的。在科学家看来，科学的王国如艺术的王国一样，也是奇妙无比的自由天地。科学也有境界，对于神游在科学境界中的科学家来说，也有类似艺术欣赏一样的审美愉快。英国著名物理学家狄拉克说："那些在普通人看来枯燥无味的科学理论，在科学家看来具有无比的美。"所以，科学理论常被比喻为艺术作品，而且给人的感受也常被描述为类似于艺术的享受。

譬如，欧几里得的《几何原本》被人称为"雄伟的建筑"；玻尔的原子模型被爱因斯坦称为"思想领域中最高的音乐神韵"；德布罗意把爱因斯坦的相对论看作 20 世纪物理学一座最优美的纪念碑而永垂不朽。虽然科学理论不具备形象特征，但科学家在创造和欣赏某一科学理论时所产生的美感与艺术家在创作和鉴赏某一艺术作品时产生的审美感受在本质上是相同的。

由此可见，科学中是存在美的，正是因为有科学美，才使得科学家战胜了种种难以想象的困难，甚至心甘情愿地为之牺牲。彭加勒认为，科学的理性美"可以充分地达到其自身，科学家之所以投身于长期而艰巨的劳动，也许因此为人类未来的福利"。

为什么有的人不承认科学美的存在呢？这是因为科学美与一般美有所不同，它是一种"比较深奥的美"。对这种美的欣赏必须具备相应的科学素养，又由于它的形式不像自然美、艺术美那样是感性的形式，而是抽象的形式，因而只有纯粹的理智才能把握它。因此，正如欣赏音乐需要有懂得音乐的主体一样，能欣赏科学美的人，也必须具备相应的自然科学文化知识，才能成为审美主体，与自然规律构成审美关系。否则，即使被物理学界普遍认为美妙绝伦的麦克斯韦方程组，也会使其认为是一堆索然无味的数字和古怪符号，毫无美感可言。这也是一般人不承认科学美存在的一个重要原因。一台春节文艺晚会可以雅俗共赏，一处优美的山水风光可以老幼皆喜。但是，一个公式、一项实验、一个理论所具有的美，却只有懂得相关专业的审美主体才能欣赏。

（二）科学美的含义

对科学美的认识关键在于如何看它的形式。美离不开一定的形式，形式有两种，一种是外在的形式，另一种是内在的形式。我们通常说的形象是事物的外在形式，这种形式是美的载体。事物的内在形式是指事物内部诸因素的组合，它实际上是内容。事物内在诸因素的组合如果是有机的、和谐的、完整的，也能产生美，这一点在艺术中也是如此。科学美重视"各个部分和谐的秩序"，也就是重视内在形式的美。事物的外在形式是显露于外的，因而凭感官就可以把握它；而事物的内在形式并不显露于外，只能凭理性理解它，这样它必然诉诸理智。这种情况不只是科学美如此，艺术美也是如此。只是在艺术美中，作品的这种内在结构被隐没在事物的具体形象中，通常为人所忽视，而科学美因为外在形式也是抽象的，于是它的内在形式就凸显出来了。

科学美在本质上是一种价值，科学美不仅与科学创造的主体有关，而且和科学研究的客体有关。自然界的和谐与秩序是其固有结构的基础，而科学家身上则存在"理解这种秩序的渴望"。科学家正是在这种渴望和激情的支配下，通过对宇宙和谐有序的逐步深入理解，而不断地探究自然界的本质，从而实现了自然界固有的结构与人类心灵深处的渴望在本质上的吻合，亦即产生了科学美。由此可见，如果自然界不美，科学家就不可能产生任何科学美感；如果科学家没有对美

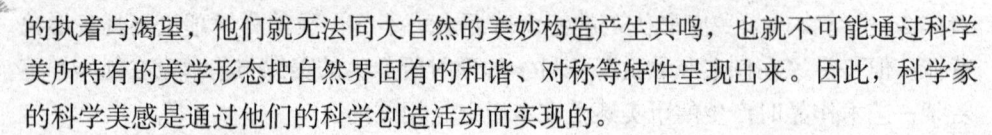

的执着与渴望，他们就无法同大自然的美妙构造产生共鸣，也就不可能通过科学美所特有的美学形态把自然界固有的和谐、对称等特性呈现出来。因此，科学家的科学美感是通过他们的科学创造活动而实现的。

二、科学创造

（一）科学创造的含义和特点

关于科学创造是"发现"还是"发明"，或两者兼有，在科学家和哲学家之间，对这个问题的看法存在较大分歧。一些人坚持传统的看法，认为理论始终存在于可观察的对象中，科学家"发现"它，就像哥伦布发现美洲一样。科学家并不是发明家，他们用感官看见可观察的现象，而用"思想之眼"洞见到理论。另一些人则坚持认为，理论是科学家"发明"的，在科学家找到它之前，它并不"存在"，这与贝尔发明电话相似。

科学创造主要是指科学家通过"思维的自由创造"来揭示客观事物的本质和规律。科学创造有以下特点：

1. 新颖性

科学创造与其他活动的最大区别是其具有新颖性。新颖性主要表现在创造活动的成果上。任何科学创造之所以是创造活动，就在于其活动结果有不同于其他已经存在事物的某种特性，尽管每种结果的新颖程度可能有所不同。新颖性是科学创造的生命，没有新颖性就没有科学创造。

2. 否定性

新事物总是对旧事物一定程度的否定，科学创造活动是新事物的产生活动，必然包含着对现存事物的否定，即使全盘接受旧事物而增加某些特性也是对旧事物没有增加的特性所产生结果的否定，这才导致增加新特性。比如，爱因斯坦的相对论是对牛顿力学和麦克斯韦电磁学一定程度的否定。没有否定就没有科学的进步。

3. 过程性

科学创造是一个在时间上甚至在空间上有一定持续性并且有资源消耗的过程。有的科学创造要花费科学家一生甚至几代科学家的努力，才能出成果。目前有许多学者提出了不同的过程模式，如美国人提出的三阶段模式：发现问题、提出假说、解决问题；英国人提出的四阶段模式：准备、酝酿、豁朗和验证。

4. 求知性

科学创造在本质上是创造主体探索客观事物的本质和规律，并把未知转化为已知的活动。这些客观事物、属性、规律是人类未知的存在物，某一科学创造主体第一次认识了它，才把未知的东西转化为已知的东西。事实上，对未知世界强烈的求知欲正是推动科学家不断探索的动力之一。尽管人类在认识自然界的道路上已经走了很远，但在我们周围仍然充满许多未知。

5. 非功利性

科学创造除部分开发研究和应用研究具有满足技术需要的功利性动因，其成果具有应用性功利前景外，许多重要科学创造成果的获得，并不是直接出于功利动因或者市场需求的推动，而是科学家为了满足自己的某种好奇心，或者为了追求某种审美境界，从而做出了伟大的科学发现。随着科技对社会发展的重要意义日益显现，科学的非功利性慢慢淡化。

6. 审美性

科学美的作用贯穿于科学创造的全过程。在准备阶段，科学美成为创造主体确定选题的重要依据；在酝酿阶段遇到困难时，科学美是激励科学家坚持探索的强大动力；在豁朗阶段，科学美是帮助科学家选择突破口、选择材料构成假说的奇妙工具；在验证阶段，实验验证之前科学美是评价创造成果的重要指标"。正因为科学美对科学创造如此重要，数学家彭加勒才说："这就充分地说明，缺少科学美的人永远不能成为真正的创造者。"

（二）科学创造的风格

艺术有风格，这是我们都知道的。因为艺术尽管是现实生活的反映，但进入艺术作品的生活形象与自然形象无不经过艺术家心灵的重塑，无不带有艺术家特有的情感色彩、个性色彩。风格就其构成来说，是主观与客观的统一，但起决定作用的是主观，是人的创造性活动。

为什么科学创造同艺术创造一样，也存在多样的风格呢？

科学创造与艺术创造一样，也是主观改造客观。由于科学创造主体的生活经历、立场观点、科学素养、个性特征并不一样，因此，在科学创造过程中他们选择的研究方向与课题、所运用的思维方式、语言符号及表现手法等就有差异。这样就形成了不同的风格。例如，同时研究量子力学，海森堡和薛定谔从不同的角度出发，运用不同的思维方式和不同的表述语言，得出殊途同归的结论，体现了两个不同的创造风格。

科学家的艺术趣味也在一定程度上影响着科学家的研究风格。科学家都有自己的艺术趣味，由此形成了自己的艺术审美观点，这种艺术趣味、审美观点潜移默化地影响着科学创造，使他们的创造体现出如同他们的艺术爱好类似的风格来。因此，艺术审美在科学创造风格的形成中起重大作用。凡在科学研究上有独特风格的科学家大都有比较好的艺术修养。例如，俄国生理学家巴甫洛夫十分喜欢文艺和音乐，达尔文也爱好美术和诗歌，爱因斯坦是个出色的小提琴手，罗蒙诺索夫是个著名的诗人。道理并不难理解，因为艺术思维与科学思维是相互渗

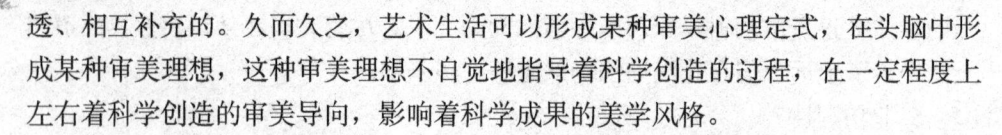

透、相互补充的。久而久之，艺术生活可以形成某种审美心理定式，在头脑中形成某种审美理想，这种审美理想不自觉地指导着科学创造的过程，在一定程度上左右着科学创造的审美导向，影响着科学成果的美学风格。

三、美育和科学创造

美育，即为审美的教育。审美在科学研究领域中的重要意义在于它能推动科学创造。这种作用就是我们通常所说的"以美引真"。美就建立在真的基础上，又将真包含于其中，因而在美的现象之后隐藏着真的奥秘。

（一）审美的动力作用

科学创造是一项极其艰苦的脑力劳动。无数杰出的科学家从事科学创造废寝忘食、呕心沥血，其献身精神可歌可泣。他们这样做自然有巨大的动力在支持着。科学家的动力往往是多方面的。人们一般只注意到渴求人类进步这一主要的动力因素，相对较为忽视热爱美、揭开客观世界美的奥秘这一内在的动力因素。其实，对美的热爱如同对真的追求、对善的献身一样，都是人类的本质力量。它在科学创造中的动力作用是不可忽视的。由此可见，对美的热爱和追求往往成为许多科学家从事科学创造的直接动机和永恒动力。

自古希腊毕达哥拉斯以来，无数杰出的科学家对宇宙的和谐之美有近乎宗教信仰般的崇拜。他们为这种美所陶醉，所吸引，以致乐而忘忧，废寝忘食、呕心沥血地去探索宇宙之奥秘。爱因斯坦把这称为"宇宙宗教感情"。无论是自然现象的绚丽多彩，还是自然界结构的和谐有序都能激发科学家们探索的欲望，形成持久的创造动力，激发其天才的创造性思维，从而获得科学的成就。例如，我国明代地理学家徐霞客出于对祖国壮丽河山的热爱而走遍神州写下地理科学史册《徐霞客游记》；英国著名科学家达尔文更是因其对自然美的神奇产生兴趣而放弃上神学院的机会，通过环球航行和长时期考察研究发现了生物进化规律，创造了被誉为19世纪三大发现之一的进化论。再如，德国天文学家开普勒因欣赏哥白尼体系之美，陶醉于天体运行的简单和谐而发现著名的行星运动三大定律，德国物理学家海森堡因震惊于自然界内部数学结构之美而创立量子力学矩阵理论。这种例子不胜枚举，他们的共同特征是出于对科学研究对象美的追求而终于发现真的规律。

由此可见，科学美作为科学创造的深层动力来自科学家心灵深处对自然和谐与秩序的渴望与追求，以探索自然的和谐与秩序为动力的科学家又往往可以摆脱私欲的束缚和尘世的烦忧。他们深信宇宙是和谐的，有秩序的，一旦通过自己的科学劳动洞察到了这种宇宙秩序就会感到心灵的震撼与狂喜，就会激起对科学创造的更大热情，这种狂喜与热情成为科学创造毅力和耐心的源泉。

(二)审美的启迪作用

审美不但有动力作用,而且有启迪作用。审美的启迪作用是指科学家在科学创造中由于受到美的启迪,从而改变思维通道顺利完成科学创造的现象。审美启迪主要有以下三个特点:

1. 审美启迪具有形象性

审美启迪是美的启迪,美是通过事物的形式表现出来的,因而具有一定的感性和直观性。

因此,科学创造活动中的审美启迪也具有形象性特点。魏格纳提出大陆漂移理论,就是得益于此。大陆漂移说是魏格纳受到地图上大陆边缘图形吻合而提出的。

2. 审美启迪具有情感性

人们认为情感只表现在艺术创作中,科学创造中并无情感,这是不妥当的。其实,科学创造活动中也有情感的活动。科学家被研究对象的美所吸引、所感动,从而产生强烈的喜悦之情,这在科学研究中是屡见不鲜的。开普勒说他在面对哥白尼天体运行体系时,是"以用难以相信的欢乐心情去欣赏它的美的"。这种审美感受显然是感性的。

3. 审美启迪具有非自觉性

审美的启迪往往处于非自觉的精神状态,是美对创造者的一种突然性的启示,往往是"踏破铁鞋无觅处,得来全不费工夫"。审美启迪与直觉和灵感密切相关。

世界上的万物是相互联系的。任何一种事物身上都存在众多联系,事物的性质也就由此物与他物的多种联系来决定。基于这一点,我们认识世界就可以由此及彼、触类旁通。审美的启迪作用就建立在这个哲学基础上。

(三)审美的预构作用

审美预构是科学家在科学资料、实验设备等缺乏的情况下受到相关领域中事物的美学特性启发,以美引真,提出科学假说的过程。它的突出特点是超前性和审美性。顾名思义,这个预构是按照美的方式进行的,它虽然缺乏实验基础,也缺乏严密的逻辑推导,也许不符合科学理论构建的程序,但却符合美学规律,因而它的产物必然是美的。

科学的审美预构途径通常表现为两种:一种是理智地以美求真,另一种是非逻辑的直觉推导。

所谓理智地以美求真,就是科学家在科学创造过程中,运用美学手段,探求客观事物的规律通常的程序是:一是以真构美,在已获得的科研成果的基础上,大胆地构想一个美的科学理论或模型；二是以美求真，就是根据这个美的科学理论或模型去推测那些目前不能获得证明的科学理论。

门捷列夫对元素周期表的创制就是以美求真的范例。门捷列夫总结了前人的科学成果，根据自己现有的材料和审美，提出了元素性质按原子量递增而呈现出周期性变化的规律的理论。门捷列夫根据他的科学美思想，将当时已知63种元素排成了一张周期表，并探讨元素化学性质和原子量之间的关系。他认为周期表的基本依据就是原子量，如果原子量有误差，就会被排错位置，完美性就要被破坏。为此，他大胆地对某些元素的原子量进行了修正。

科学审美预构的第二种途径是非逻辑的直觉推导。科学审美直觉力是科学家非逻辑的直观科学美，并由此洞察背后客观规律的一种能力。它是科学家长期的科学实践和审美实践所获得的心理成果。在科学研究中，具有很强审美直觉力的科学家往往可以迅速地抓住研究中的关键环节，透过纷繁复杂的现象，准确地抓住事物的本质。在手中现有材料不充分的情况下，他不必经过逻辑论证和科学实验，而凭借美的创造规律，提出一种新的科学构想。

海森堡是量子力学的奠基人之一，他在量子力学领域有许多重大发现。由于当时量子力学处于初创时期，有许多问题并未被深刻理解，海森经对于自己的量子力学理论难以透彻地阐述。海森堡的量子力学理论是从感悟自然界之美出发，根据美的规律而大胆预构的。有两句著名的格言："美是真理的光辉"，"美是真理的印记"，恰如其分地说明了由美引真的道理。海森堡是这样理解这两句格言的："探索者最初是借助于这种光辉，借助于它的照耀来认识真理的。"

（四）审美的评价和选择作用

在科学创造中，人们衡量科学创造成果真理性的标准为：一是实践标准，即理论不应当与经验事实相矛盾；二是逻辑标准，是指科学理论在逻辑上必须是无矛盾的，自洽的；三是审美标准，即科学理论在形式上要合乎简洁、对称、和谐、统一等科学美的规范。在这三个标准中，实践是检验科学真理根本的、最终的标准。而审美标准是判断科学真理的一个不可缺少的参照。

实践是检验真理的唯一标准，这是大多数科学家的信条。但是，现代科学微观和宏观世界迅速发展，许多观察对象已远离我们五官可直接观测的范围，而且会明显地受观测仪器的影响，科学幼年时期那种边实验边探索的理论构造方法已经不可能。逻辑证明作为检验真理的一种辅助方式，也只能在已有的科学规范下发挥作用，不可能带来革命性的新理论，而且在很多问题上逻辑证明很费时日，比如哥德巴赫猜想的证明历经几百年还未彻底解决。在这种条件下，科学理论内在完备和美的评价与选择标准在科学家的心目中，就占有越来越重要的地位。

美国当代著名科学哲学家库恩明确指出在科学革命中这种审美价值的重要

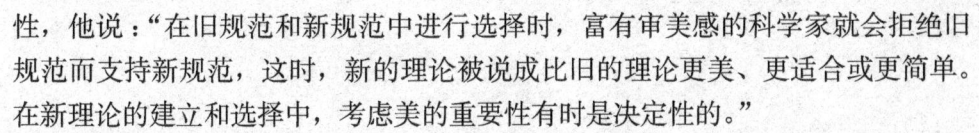

性，他说："在旧规范和新规范中进行选择时，富有审美感的科学家就会拒绝旧规范而支持新规范，这时，新的理论被说成比旧的理论更美、更适合或更简单。在新理论的建立和选择中，考虑美的重要性有时是决定性的。"

物理学家韦尔说："我的工作总是力图把真和美统一起来，但当我必须在两者中选择一个时，我通常选择美。"正是基于这点，他在提出引力规范场理论之后，该理论优美完整的结构和纯逻辑的推理连他自己也不相信是"真"的，只是因为太美了，他不忍放弃才坚持下来。多年以后，当规范不变性的体系被纳入量子力学时，韦尔的直觉变得完全正确。这里我们看到美在科学创造中的超前功能，即在"真"尚未被发现和证实之前，为"真"的探寻照明道路。

虽然，科学理论的美学评价标准随着科学的高度抽象化和形式化的发展将会起日益重要的作用，但是，我们仍不能忘记，科学理论的美学评价标准不是唯一的标准，更不是最终的标准。科学理论检验与评价的最终标准仍然是科学实践。科学的美学标准可以看作实践标准的一种补充。这样，就使得科学理论中真与美这两个方面密切地结合起来。

因此，美育对科学创造有着巨大的影响，其影响潜移默化、深远持久。

第五章 高校大学生美育实施策略

第一节 提高认识，树立科学理念

一、提高对大学生美育的认识

（一）社会现代化向更高层次发展的要求

现代化是人类文明的一种深刻变化，是文明要素创新、选择、传播的过程。社会现代化包括物质现代化和精神现代化两个方面。我国改革开放以来，以经济建设为中心，科学技术实现了跨越式发展，人们的物质生活水平得到极大改善。然而，在物质现代化建设取得丰硕成果的同时，社会的精神生活却面临危机。物质的、技术的、功利的追求在社会生活中占据统治地位，而精神的活动和精神的追求则被忽视、被冷漠、被挤压、被驱赶。这样发展下去，人就有可能成为马尔库塞所说的单面人，成为没有精神生活和精神追求的、单纯性的、技术性的、功利性的动物。因此，从物质的、技术的、功利的统治下拯救精神，就成了时代的要求和时代的呼声。在现代化建设中单纯追求物质文明造成了当代社会生活中的三大突出问题，即物质生活与精神生活的失衡、人与自然关系的失衡、人内心的失衡。这三大问题严重制约着我国现代化进程。

社会主义现代化体现为科学技术的现代化，又体现为社会物质文明的现代化，更体现为社会的精神文明，特别是人素质的现代化。如果精神文明建设不能有效地进行，不能实现人素质的现代化，社会主义现代化建设是不可能取得真正成功的。普遍来说，经济基础决定上层建筑，社会现代化越是向更高层次迈进，物质文明越发达，对精神层面、对社会文化与人素质的要求也就越高。而美育是培养人的审美素养及审美世界观的教育，它能使人获得心灵的抚慰和人文精神的补缺，并有效地促进人综合素质的提高，使人们以审美的态度对待生活、对待社会、他人、自然和自身。美育对上述三大问题的解决，对实现社会精神文明现代化可以发挥更大的作用。在当代中国社会的诸多群体中，大学生是最为朝气蓬勃的一支力量，是我国未来社会主义现代化建设事业的主力军。加强大学生美育是我们的当务之急，因为美育不仅直接关系到大学生个人成长及高校人才培养战略，也关系到国家和民族的未来。

（二）实现人的全面发展的要求

审美素质是人的全面发展的重要内容。人的全面发展是人类文明发展的必然归宿，也是人类自身建设的最高理想。由资本主义社会造成的人性的分裂，到共产主义社会人的全面发展，这是人类发展的客观规律。普遍所说的人的全面发展不是某一部分人的全面发展，而是每个人的自由发展，是所有成员真正的全面发展。一个和谐自由发展的人，应该有健康的体魄、完善的智力结构、道德意志结构和审美心理结构。在《1844年经济学哲学手稿》一书中指出："动物只是按照它所属的那个物种的尺度和需要来进行塑造，而人则懂得按照任何物种的尺度来进行生产，并且随时随地都能用内在固有的尺度来衡量对象。所以，人也按照美的规律来塑造。"爱美、能够创造美是人类最珍贵的特性之一。审美素质作为人的潜能和人的个性素质，从人类诞生之初就已经存在。审美素质也是现代化人才的一个重要方面，是人的全面发展不可缺少的重要组成部分。而审美素质的开发则必须通过美育来完成。美育是推进人类社会不断向前发展的动力，它在整个人类社会文明史上占有很重要的地位。通过美育可以帮助人们树立健康的审美情趣，使人能自觉抵制低级庸俗文化的干扰冲击而追求高层次的精神生活，起到提高修养、陶冶情操的作用。美育在开阔视野、增长知识、提高观察力、想象力和创造力等方面的促进作用更为突出。事实证明，德育之花没有美育的滋润便会逐渐枯萎，而智育缺了美育的辅助也会走向畸形，所以，美育工作者应该更好地把美育与德育、智育结合起来，培养真正全面发展的社会主义接班人。

对高校人才的培养目标是全面发展。《中共中央国务院关于深化教育改革，全面推进素质教育的决定》指出："实施素质教育，就是全面贯彻党的教育方针，以提高国民素质为根本宗旨，以培养学生的创新精神和实践能力为重点，造就'有理想、有道德、有文化、有纪律'的、德智体美等全面发展的社会主义事业建设者和接班人。"培养全面发展的一代新人是党的教育方针的明确要求，也是时代赋予我国高等教育的历史使命。20世纪初，大学的教学内容经历了从古典人文学科课程到近代自然学科课程的质的转变，这是高等教育史上一次重大的进步。但是在将近一个世纪的时间里，人文学科教育和自然学科教育的关系并没有得到很好的处理，在自然学科教育被强化的同时，人文学科教育却逐步被削弱。随着时代的发展，今天我们应该充分认识到大学生全面发展的重要性，人文学科教育不能偏废，美育是其中的重要内容。大学生的全面发展离不开美育，或者说离开美育的高等教育是不完整的教育。大学生美育的作用突出地表现在培养优秀综合素质人才方面,在高等教育中没有人文导向和人文教养是无法造就大学生完善的人格品质的。当代中国在走向现代化的道路上加强大学生文化素质教育和美育,特别是对加强弘扬民族优秀文化传统具有重要意义。

(三)如何提高认识

第一,放开视野,着眼世界,与时俱进。与时俱进,即指在实事求是的基础上,使大学生美育体现时代性、把握规律性、富有创造性。我们在理论工作和实际工作中,一方面,要求大学生美育的理论研究和人们的思想认识要跟上社会的进步和时代的发展,不仅要与时代同步,更要具有一定的前瞻性。这需要以更加宽广的眼光观察当代社会,积极借鉴当代西方美育的新成果,特别是大学生美育理论与实践的新成果、新经验,认真继承并深入发掘中华民族传统文化中的美育思想,不断推进理论创新和实践创新,体现时代性。另一方面,要明确认识到与时俱进不是盲目冒进,积极创新不是一味地标新立异,而是把大胆探索与求真务实有机地结合起来,把时代性、规律性、创造性统一起来,做到既勇于创新,又善于创新,扎实有效地把大学生美育工作向前推进。大学生是最富有朝气的一个群体,他们善于接受新观念、新事物,所以,美育工作者要注意不断地对美育的内容、形式等进行调整,使之跟上时代的步伐。为此,美育工作者要坚持实事求是,特别注意用发展的观点在动态中分析和把握大学生美育的各个要素,并据此调整自己的工作,使其与不断变化的实际情况相协调。

第二,增强责任感,时刻不忘肩负育人的历史责任。康德曾经说过:"每一个在道德上有价值的人,都要有所承担,没有任何承担、不负任何责任的东西,不是人而是物件。"责任是人类自我肯定和自我发展的产物。教师的责任感也是他们在教育劳动实践中深刻认识到自己肩负特殊责任和神圣历史使命而感受到的。特别是在当前,对大学生加强美育,帮助他们自觉地抵制低级、不健康的东西,吸收新鲜高尚的文化艺术,提高整个年青一代的审美、道德和文明程度,显得格外重要。教师的根本任务就是要全面贯彻党的教育方针,把大学生培养成德、智、体、美各方面全面发展的一代新人。教师要引导大学生积极接受美育,自觉加强审美修养,使大学生通过对美的欣赏和创造,发展认知能力,丰富精神生活,陶冶高尚情感,实现全面发展。教师是精神文明的传播者,是人类灵魂的工程师,学校是实施美育的圣地。因此,传播文明、提高民族素质,在教学中加强美育,是教师和学校应该承担的光荣而艰巨的任务。

二、确立大学生美育的科学理念

（一）以人为本理念

科学发展观的核心是以人为本，其目标是实现人的全面发展。在大学生美育过程中，坚持以人为本的理念就是树立以大学生为本的理念。该理念要求要根据大学生性格、志趣、能力等具体情况，以不同的教育方法实施不同的美育，要充分尊重大学生的主体地位及个体身心的差异。贯彻以大学生为本的理念，就要遵循贴近实际、贴近生活、贴近学生的"三贴近"原则，不断增强大学生美育的吸引力和感染力，着力提高大学生美育的针对性和实效性。

（二）"大美育"理念

所谓"大美育"理念，就是以全新的视角看待美育，将美育贯穿于学校教育的全过程，将教育的每一个环节、每一个要素、每一个阶段都审美化，使美育向更广阔的领域迈进。它强调大学生美育不仅要关注大学生艺术素养和审美素质的提高，更要关注人的全面发展；它体现的是一种对人具有终极关怀意义的科学美育观和现代美育理念。学校在培养人的过程中要坚持"大美育"理念，创新美育制度，从制度上保障"大美育"理念的确立，还要通过广泛深入的学习、宣传使之内化为学校各成员的意识与素养。

（三）协调发展的理念

协调发展是指以实现人的全面发展为目标，在遵循客观规律的基础上，通过各组成要素间的协调，使整个系统的关系不断朝着理想目标发展的状态。大学生美育的协调发展理念强调大学生美育是一个多维的、动态的、开放的系统，强调系统中的每个维度、每一个组成要素都相互联系、相互作用、协同发展。在教育内容上，实现艺术美育与社会美育、自然美育、科学美育及工艺美育等的协同发展。在教育途径上，实现美育类课程与非美育类课程的审美渗透，第二课堂的审美创美活动，营造美的物质文化、校园环境等的协同发展。在教育方法上，实现"他育"与"自育"的协同发展。在教育过程中，实现美育的目标、理念、原则、内容、途径等的协同发展。在教育环节上，实现制订计划、组织实施、考核评估等的协同发展。此外，还应实现美育与德育、智育、体育的协同发展，以及学校美育与社会美育、家庭美育的协同发展等。只有坚持美育协调发展的理念，才能做到遵循美育的规律，使美育贯穿学校教育全过程，渗透到学校教育的各方面，这样才能真正实现大学生美育的目标，有效促进大学生的全面发展。

第二节　明确原则，完善内容

在确定大学生美育相关理念的基础上，还要弄清在美育过程中应坚持什么原则、完善哪些内容，以解决"怎么教得好"和"教什么好"的问题。明确原则和完善内容是开展大学生美育的基本环节，直接决定着大学生美育的实施质量与实施效果。

一、明确大学生美育的基本原则

原则是人们观察问题、处理问题的准则，对问题的看法和处理往往会受到立场、观点、方法的影响。原则是从自然界和人类历史中抽象出来的，能正确反映事物的客观规律的原则才是正确的原则。大学生美育的原则是实施大学生美育过程中必须遵循的基本要求，它是根据大学生美育的目标、特点和大学生美育过程的规律提炼、概括出来的，是大学生美育科学理念的要求与渗透，是大学生美育实践经验的总结，贯穿大学生美育实践活动的始终。

（一）系统性原则

《现代汉语词典》指出，"系统是同类事物按一定的关系组成的整体。"系统性原则是指将事物作为一个整体来认识和对待的准则。大学生美育中的系统性原则是指将大学生审美教育作为一个有机整体来认识的准则。系统性原则是落实"大美育"理念和协调发展理念的客观要求和具体呈现。系统性原则首先要求系统地认识大学生美育，即将大学生美育看作是由多维度、多方面、多要素构成的有机整体，在这一整体中各方面缺一不可，且相互联系、相互作用，"牵一发而动全身"。为此，在大学生美育中要重视工作计划、资金投入、软硬件的建设、课程设置、师资队伍建设、活动安排等各个环节的建设，这样才能保证大学生美育的良性运转。其次，将大学生美育的内容看作一个整体，即将爱美教育、审美教育和创美教育构成的一个有机整体。爱美教育的重点在于发展和保持大学生的爱美天性，强化其崇尚美的心理和情感取向。审美教育是在此基础上的深化和升华，侧重于培养大学生对美的感性形象的理解能力，特别是辨别美丑的能力。创美教育是指导大学生进行美的创造实践的教育。爱美教育、审美教育、创美教育在美育实践过程中是有机统一的。创美教育始终伴随爱美教育、审美教育而进行，而爱美教育、审美教育又在创美教育中被强化、被提升，共同实现对"全面发展的人"的培养。

（二）和谐共进原则

"和谐"是指不同事物之间相辅相成、互利互惠、互促互补、共同发展的关系。大学生美育的和谐共进原则同样是落实"大美育"理念和协调发展理念的客观要求和具体呈现。它主要指大学生美育要与德育、智育、体育和谐共进。蔡元培讲过："美育者，与智育相辅而行，以图德育之完成者也"。如前所述，美育与德育、智育、体育虽然各有其教育目标，但是它们相互影响、相互促进、相互渗透，是辩证统一的有机整体。它们共同服务于培养全面发展的人的总体目标。审美教育的和谐共进原则，要求在美育的实施过程中，必须注意与智育、德育、体育等其他教育相互关联，在内容、方法上互相渗透、互相借鉴。一方面，要注重在智育、德育、体育的教育内容和教育方法中渗透美育，从而达到以美储善、以美启真、以美促健的良好效果。另一方面，也要注意将德育的道德理性、智育的科学理性和体育的奥林匹克精神寓于美育中，使大学生美育在保持情感教育特性的同时获得正确的指导思想和丰富而深刻的内涵，以实现大学生美育感性与理性的统一，促进大学生美育的深入发展。

（三）愉悦原则

愉悦原则集中体现了"以人为本"的大学生美育理念。它是指在美育过程中，要将思想性和娱乐性有机集合起来。美育对受教育者不需要强制规范，而是靠"美"本身的魅力来吸引大学生，以轻松愉快的方式，把美的对象显示给受教育者。寓教于乐，乐教结合，寓情于理，情理交融，使人受到积极影响而达到教育目的。这是由美本身的形象性、愉悦性及情感性等特点决定的。古罗马思想家贺拉斯谈到："诗人的愿望应该是给人益处和乐趣，他写的东西应该给人以快感，同时对生活有帮助……寓教于乐，既劝谕读者，又使他喜爱，才能符合众望。"审美教育是以美育人，它通过美的事物，美的形态，美的想象，以喜闻乐见的形式，对人的性情进行陶冶，达到悦耳、悦目、悦心，悦意以至悦志，悦神的教育效果。在大学生美育过程中坚持愉悦原则，就应通过具体可感的形象来感染、熏陶学生，在潜移默化中实现美育的目标。教育者应根据美育的任务和教育对象的特点，精心创设审美教育情境，使学生置身于各种美的形象中，通过这种情境的长期熏陶和感染，获得对美的丰富体验，产生对美的热爱，对真理的追求。

（四）创造性原则

创造性原则就是在大学生美育中要注重培养学生的创新意识和创新能力。创造性原则是"大美育"理念的一种体现。高校美育的目的在于培养个性得到充分、自由发展、具有创造精神的一代新人。因此，美育不是让学生消极、被动地接受美，而是力图引导他们积极利用各种美的资源，努力发展想象力和创造力。创新能力的培养是大学生美育的重要任务。美育的创造性原则要求教育者要引导学生感知各种美的神韵和精髓，启发他们按照美的规律创造美，同时塑造和美化自身及其环境，发展自身的形象思维能力，使其与抽象思维能力齐头并进，从而有效地促进自身创新能力的提升。坚持大学生美育的创造性原则，首先要注重学生审美感受能力的培养。丰富审美经验是提高审美感受力的前提。审美经验是想象力的空间，良好的想象力能够为创造力插上翅膀。审美能力要与创造能力一同成长。因此，要使学生在美的鉴赏过程中把对美形象的感知同情绪上的体验结合起来，创造出具有独特审美意蕴的全新意象。其次要指导学生积极进行审美创造实践。审美创造实践是审美知识的运用和审美体验的深化，是提高学生审美能力的重要手段。指导学生开展审美创造实践，重在帮助他们了解不同形式的美的表达方式，掌握美的创造规律，大胆尝试、用心体会。最后要培养学生的灵感思维能力。审美主体通过大量的审美活动，不断接受美的熏染，大脑中会产生多种审美意象，并且深层心理会产生一种自由的和谐的审美状态。在这种情况下，一旦受到某种客观因素的激发，主体头脑中的审美意象就会快速转换、组合，就有可能出现灵感或顿悟。因此，在美育过程中应引导学生增长审美经验，提升领悟能力和创造美好事物的能力。

二、完善大学生美育的具体内容

大学生美育的核心是内容，缺乏科学、全面、具有吸引力的内容，美育难以获得理想的效果。大学生美育的内容丰富，可分为自然美育、社会美育、艺术美育、科学美育和工艺美育五大类。

（一）自然美育

自然美育是借助自然景色、自然现象之美对大学生进行的审美教育。自然美是现实生活中自然物本身所呈现出来的美的形态。大自然不仅是人类生息发展的天然环境，也是美的沃土，更是学生审美情感体验的源泉。对大学生进行自然美育，主要从两方面展开：

一是培养大学生体验和鉴别自然美的不同形态。自然景观造化神奇，从天上的日月星辰，地上的山川湖泊、花鸟虫鱼，到地下的峡谷溶洞，无一不引起我们的愉悦、畅快之感。自然景观形态多样，有泰山"会当凌绝顶，一览众山小"的磅礴雄伟之美；有黄山"仙人指路""梦笔生花"奇松怪石的奇特之美；有华山悬崖峭壁、拔地而起的险峻之美；有峨眉山绵延曲折、植被遍地的秀丽之美；有青城山古朴典雅、山水掩映的幽静之美；有诸多名山飞瀑直下、云海变幻多端的动态之美；有云蒸霞蔚、青山绿水、蓝天白云的色彩之美；有水天一色、烟雾缭绕的朦胧之美。以生动、形象的影音资料呈现这些美景，特别是引导学生身临其境地去感受这些不同形态的自然景观之美，有助于他们在学会鉴赏自然美的过程中怡情悦性，受到美的感化而提升自我精神境界。

二是培养大学生掌握自然美的审美方法。首先，应培养大学生根据观赏不同自然景观的最佳时机（随季节和天气变化），以"移步换景"的动态方式多角度感受景观的整体布局与典型个例美，以静态方式从较近距离仔细去观赏相对独立、经典的景观。其次，要启发他们结合文学、历史等知识，充分发挥审美想象，将景观与文化、个人情感融合在一起，触发大学生审美情感的净化与审美精神的升华，激发其审美想象力与创造力。比如庐山瀑布，就应选取夏日雨后初晴的最佳观赏时机，从远近高低多角度感受瀑布"飞流直下三千尺，疑是银河落九天"的直观、动态之美，再进一步发挥想象力，结合古往今来发生在庐山的历史故事与咏叹庐山的诗词歌赋，就能将瀑布的自然美、历史美与文学美融为一体，获得深刻的美的享受，提升审美境界。

（二）社会美育

社会美育是借助社会事物、社会生活和社会现象之美对大学生进行的审美教育。社会美主要分为三类：一是直接反映人自身以及人的实践活动的美；二是反映人与人之间社会关系的交际之美；三是反映人所创造的社会现象之美。据此，对大学生进行社会美的审美教育从以下三个方面展开：

1. 从反映人自身以及人的实践活动的美角度，对大学生进行人的自身美的审美教育

首先，关于人自身美的审美教育。人自身的美是社会美的集中体现，它包括外在的仪表美和内在的心灵美，是内在品质美与外在形式美的统一。对大学生进行人自身美的教育，一方面，培养他们逐步具备真诚友爱、勇敢坚毅、无私高尚的道德情怀，丰富的文化素养，果敢坚定、开朗洒脱的性格修养等内在心灵美。另一方面，引导他们将健康的身体美、大方合体的服饰美、自然文雅的言谈风度美等外在仪表美作为自我培养的标准，使其实现外在仪表美与内在心灵美的和谐统一，从而体现当代大学生良好的综合素质和朝气蓬勃的精神面貌。其次，关于劳动美的审美教育。美与劳动不可分离，美的本质是人的本质力量在客体上的感性体现。人类特有的实践活动——劳动，其本身就具有美的特性。引导大学生感受劳动的美，主要包括三个方面：一是体会劳动者在劳动过程中所反映的人的本质力量（生理力量、知识力量、创造力、想象力等）之美；二是体会在劳动过程中劳动者互相合作所体现的人际和谐之美；三是体会劳动成果的功能、结构、比例、色彩等方面的美。这种审美教育可以促使大学生以审美心态热爱劳动，在将

来的工作中发扬团队合作精神，更好地发挥个人想象力与创造潜能，从而推动社会进步。

2. 从反映人与人之间社会关系的交际之美的角度，对大学生进行关于社会交际美的审美教育

社会关系所展示的人际交往之美，是社会美育的重要内容。对大学生进行社会交际审美教育，旨在培养其在人际交往中具备真诚友爱、善解人意、礼貌尊俗、幽默风趣的形象气质。

真诚友爱、善解人意，即在人际交往中以诚待人，信守承诺，而不是虚伪狡诈、虚情假意、世故圆滑；在精神上和物质上善于与人"互通有无"，建立友爱的人际关系，而不是斤斤计较、吝于付出、冷漠自私；在交往中善于体察对方所思所想，以"己所不欲，勿施于人"之心体会对方立场。

礼貌尊俗，即在人际交往中互相尊重，以大方的装扮、合体的服饰、文雅的言谈举止体现个人的礼仪风貌；同时熟悉民族、宗教礼仪，尊重不同的风俗习惯。

幽默风趣，即在人际交往中展示个人智慧，以愉悦他人的方式营造融洽、轻松的氛围。展示幽默的交际美要注意场合和沟通对象的性别、年龄、经历、性格、受教育程度等。

3. 从反映人所创造的社会现象之美的角度，对大学生进行关于社会现象美的审美教育

社会现象之美是人所创造的社会环境美与社会运动美，因此，对大学生进行社会现象审美教育也应从这两个方面进行。

（1）社会环境美育

社会环境是人们在社会实践过程中所创造的物质环境、制度环境和精神环境的统一。社会环境美包括物质环境美、制度环境美和精神环境美。

物质环境美是指人类为满足吃、穿、住、用、行等需求，按照审美意识创造的饮食、服饰、建筑、各类休闲娱乐设施、交通工具等综合呈现的社会物质环境之美。各种人类创造的物质中都蕴含着审美情趣与品位，这构成了社会环境美的第一个层次。

制度环境美是人类适应生产力和生产关系所建立起来的、符合各国一定时期国情与社会发展规律的制度所具有的美。制度环境美的内容随社会发展程度和国情而变化，目前世界各国共通的基本内容包括自由、平等、民主、效率、秩序等。

精神环境美是指一个国家或区域的人所共同呈现出的道德高尚、智慧显著、富有审美情趣的状态。它是社会文明程度的重要标志。

（2）社会运动美育

对大学生进行社会运动美育，就是让他们在动态的社会运动中去感受历史变幻所体现的人类社会发展规律的美、社会发展过程中的进步之美，以及人类在每个阶段、各个区域所创造的光辉灿烂的文明之美。这有利于促进大学生站在历史的高度，感知社会变幻之美进而推动社会发展。

（三）艺术美育

艺术美育是借助一切艺术作品中所具有的美，如音乐美、舞蹈美、戏剧美、绘画美、雕塑美、建筑美、诗歌美等对大学生进行的审美教育。艺术是在人们对现实世界美的认识的基础上按照"美的规律"创造出来的。艺术美是对现实美的高度概括，是美的精华。艺术美是大学生美感的重要来源，是大学生美育最重要的手段。根据中国社会科学院王善忠教授的划分，从艺术所反映的现实美的构成来看，艺术可分为三大类，即以反映现实的现象美的艺术，以反映现实的个体美与种类美的艺术，以反映现实的社会关系美的艺术。对应这三种艺术形式，大学生艺术美育包括以下三方面内容：

1. 反映现象美的音乐、舞蹈、建筑等的审美教育

音乐、舞蹈、建筑等美从人类文明开始之初就发展起来了，是对现实存在的声音、节奏、旋律、色彩、形状、材质进行审美加工的艺术表现形式。对大学生进行这方面的艺术美育，可分别从以下几方面展开：

①在音乐方面，通过开设音乐赏析类课程，首先让大学生了解音乐的旋律、节奏、音区、音色、和声、曲式、调式等基本要素；然后在具体举例欣赏的过程中，引导大学生在音乐欣赏中通过感官欣赏产生情感共鸣，进而在了解作品时代背景、民族特征和作者创作个性的基础上达到理性欣赏。比如欣赏《梁祝》，就要跨越感官的满足，在了解梁山伯与祝英台这段爱情故事与封建社会礼教制度的基础上结合想象力、理解力去产生情感共鸣，自然就能让人在欣赏的过程中深受感染，洗涤心灵。

②在舞蹈方面，通过开设舞蹈赏析课程或舞蹈课，让大学生了解舞蹈动作美、音乐美与抒情美合为一体的特性，学会从舞蹈的结构形式、主题思想和形象三个角度欣赏习俗舞蹈、社交舞蹈、体育舞蹈等生活类舞蹈及古典舞蹈、现代舞蹈、芭蕾舞等艺术类舞蹈。开设舞蹈课是让大学生结合舞蹈审美品位和思想，通过参与展开身心的模仿与创作，切身体会舞蹈之美。

③在建筑方面，艺术美育具有明显的实用性，是与物质生产相统一的艺术形式。通过开设"建筑美赏析""中西建筑史"等课程，一方面，让大学生了解建筑的材质、特点等，如中国传统建筑多采用木材而西方传统建筑多采用石材等建筑材质的差异；另一方面，让大学生了解建筑风格产生的时代背景、民族特征

等，使其能将建筑形式美与内涵美、历史美相结合。

2. 以反映现实的个体美和种类美为基础的雕塑、绘画的审美教育

雕塑和绘画是塑造现实的个体或种类形象的艺术表达形式。对大学生进行这方面的艺术美育，应分别从雕塑美育、绘画美育两方面展开：

①雕塑是以三维、立体的空间形式塑造人物和其他动物、植物形象的艺术形式。引导大学生欣赏雕塑之美，主要从雕塑外在的材质、轮廓、比例、神态、造型等体会形态之美，继而在了解创作风格、历史背景的基础上体会其历史性与深刻内涵。比如秦始皇兵马俑，就以其高大威武、比例匀称、神态各异及珍贵的历史价值而驰名中外，令人对其形态之美与历史沧桑之美沉醉不已。

②绘画是以二维平面的空间形式，使用颜料、油、墨等材料，运用明暗对比与色彩的点、线、面来塑造人物和其他动物、植物形象的艺术形式。引导大学生进行绘画艺术审美，主要从作品创作的时代背景、"神似"还是"写实"的表现方式、不同文化内涵的色彩对比、构图布局、画家的生平个性等方面多角度地感受、分析，进而发挥主观想象力并与情感联结，从而获得美的享受。

3. 反映现实的社会美的文学、戏剧及电影等的审美教育

①文学审美教育。文学虽然在直观生动方面不及音乐、绘画，但却是最充分反映社会生活的艺术形式。它通过描述声音、色彩、形状、味道、人物行为状态、心理活动等反映社会关系。引导大学生进行文学审美，主要通过分析不同的文学形式（诗、词、小说、传记等），让大学生在了解作品时代背景、作者个性特色的基础上调动想象力和思维创造力，体会文学中所蕴含的自然之美（如陶渊明的"采菊东篱下，悠然见南山"），社会生活的再现之美（如《红楼梦》中对人物性格和人物关系的描述），提升审美情感。

②戏剧及电影审美教育。戏剧（包括戏曲、歌剧、话剧）及电影是将文学、音乐、舞蹈、绘画艺术综合在一起的一种艺术形式。戏剧及电影以一定的生活形态为背景，以人物的言论、行为表演来反映社会关系等。引导大学生进行戏剧及电影审美，主要通过分析戏剧及电影的剧本捕捉典型人物性格、表现形式本身的感染力、表演者的演技、导演的剪辑等方面，鉴赏人物复杂性格之美、艺术表现形式之美及表演者、导演"再现"人物与故事情节的手段之美。

（四）科学美育

科学美育是近年来科学界和美育界提出的新概念。科学美是一种美的形态，它同自然美、社会美、艺术美等相并列，并与之有密切的联系。如果说自然事物的外在表现体现的是自然的形式美，那么对自然事物内在规律的探索成果则会体现科学美。正因为存在科学美，所以严肃的、冷静的科学研究工作才充满了诱惑和魅力，使人能充满激情、想象力和创造力。由此可见，在科学家的研究工作

中，对美的追求与憧憬成了不可缺少的原动力，美推动着和激励着科学家。科学美最基本的特征就是真，求真一方面是为了使人类掌握客观的规律；另一方面是为了满足人的需要。人们在求真的同时，也在求善、求美。科学既求真，也求善、求美。

在大学生美育中，科学美育应当渗透在数学、物理、化学、生物、地理等诸多自然科学的课程中。这些课程所揭示的自然规律及现象，蕴含着丰富的美。体会这些不同形态的科学美，有助于大学生将科学的理性与美学的感性结合，形成和谐统一的审美人格。

科学美育要求大学生一方面在学习数学、物理、化学、生物、地理等自然科学的理论知识时体会公式的概括之美，证明、演算、推断过程的逻辑之美，分类、演化、发展动态的变化之美；另一方面在实验或考察的过程中体会自然规律与现实结合的实用之美，比如数学建模提高生产、生活效率的实用美，基因研究成果运用于治疗癌症患者的实用美等，都蕴含着自然科学规律美与真、善的完美统一，有利于大学生在学习自然科学课程的过程中养成审美态度，在提高审美素养的同时激发探索科学奥秘的情趣与热情。

（五）工艺美育

工艺是劳动者利用生产工具对各种原材料、半成品进行加工、处理，使之成为产品的方法、技术等。工艺同人们的生产、生活有直接的关系，它既反映物质生产水平，又表现出一定的意识形态。工艺之美也可称为工艺美术，是科学技术与造型艺术有机结合的创造物。工艺之美涵盖的范围广泛，品种繁多，一般分为两大类，即日用工艺美和陈设工艺美。日用工艺美侧重于实用，但在使用中又具有审美功能，如织染、茶具、餐具、灯具、家具等；陈设工艺美则专指供观赏用的陈列品，如牙雕、贝雕、漆器、绢花等。从历史传承、制作手段和艺术特点的角度，工艺之美分为传统工艺美术、现代工艺美术、装潢美术、民间工艺美术四大类。工艺之美常因历史时期、地理环境、技术水平、文化习俗和审美观念的差异而显示出不同的风格与特色。工艺品凝聚着人类的智慧、情感和创造力，对大学生进行工艺美育，能够使大学生透过具体的工艺美育作品，穿越文化与时代的界限，感受人类的智慧和审美创造力。

如今，工艺美育并不仅仅局限于课堂，随着日常生活审美化的发展，即便是对日用品，当代人所着眼的不仅是其使用价值，还有其文化价值和审美价值。生活中工艺美育的元素随处可见，无论是各类工业、农业生产中的劳动工具、劳动产品，还是各种各样的现代化交通工具，甚至科研和军事方面的设备、设施等，人们对它们的要求都不只是实用，还力求美观。工艺之美具有巨大的商业价值。经济学家认为，迄今为止，人类经济发展历程表现为三大经济形态，第一是农业经济形态,第二是工业经济形态,第三是大审美经济形态。所谓大审美经济,就是超越以产品的实用功能和一般服务为重心的传统经济,代之以实用与审美、产品与体验相结合的经济。这不仅要求产品的设计者要有很好的审美素养,还要求生产者、营销者等要具备一定的审美素养。可见,在当今时代,工艺美在人们社会生活中的地位越来越重要。工艺美育能够使大学生得到更多来自现实美的熏陶,未来应将其渗透到各类高校各个专业的专业课教学中。

第三节 丰富方法,健全机制

一、丰富大学生美育的方法

方法是实现目标的桥梁和纽带。大学生属于成年人群体,其生理和心理正在走向成熟阶段,世界观、人生观、价值观逐步形成。他们朝气蓬勃、富有热情,学习兴趣广泛,乐于求新求变,抽象逻辑思维能力较强。同时,他们对美有强烈的渴望,具有一定的审美鉴赏能力和创造能力。大学生的群体特征是教师研究美育方法的稳定基础。每一个大学生都是独具个性的鲜活个体,有不同的感性需求,这就要求各高校在实施美育时要有更大的灵活性,既要抓住大学生的群体特征,更要注意大学生的个性特点。多年来,我国的大学生美育在具体教育实践中运用、创造了多种美育方法,并仍在不断发展完善。但如果从大学生健康人格培养和素质全面发展的视角来仔细审视美育方法,还是会发现一些现实问题,比如教育方法及形式过于单一、重知识传授、轻情感与实践体验;教育过程中教育者、受教育者都有一种急功近利、浮躁的心态等。这些不足表现在现实生活中,在激烈的竞争和来自学校和家长的高期望值下,大学生忽视审美素质及人文素质的提高,一心只求考证、考研等,结果导致一些大学生片面发展。根据前文对于大学生美育的目标定位,结合当前存在的现实问题,开展大学生美育要以寓教于乐、寓美于教、游历教育、环境熏陶、榜样示范、自我教育等作为主要方法,并注重以上方法的综合运用。

(一)大学生美育的主要方法

1.寓教于乐法

中国古人提出"知之者不如好之者,好之者不如乐之者",古罗马诗人贺拉斯在《诗艺》中也提出"寓教于乐"的美育原则。大学生美育的寓教于乐法,主要是指教育教学的方法重在感化与直观,并在教学过程中伴随师生愉悦和轻松的体验。美育通过人对美的感受,引起感情的激荡,产生情感共鸣,使人在愉悦中

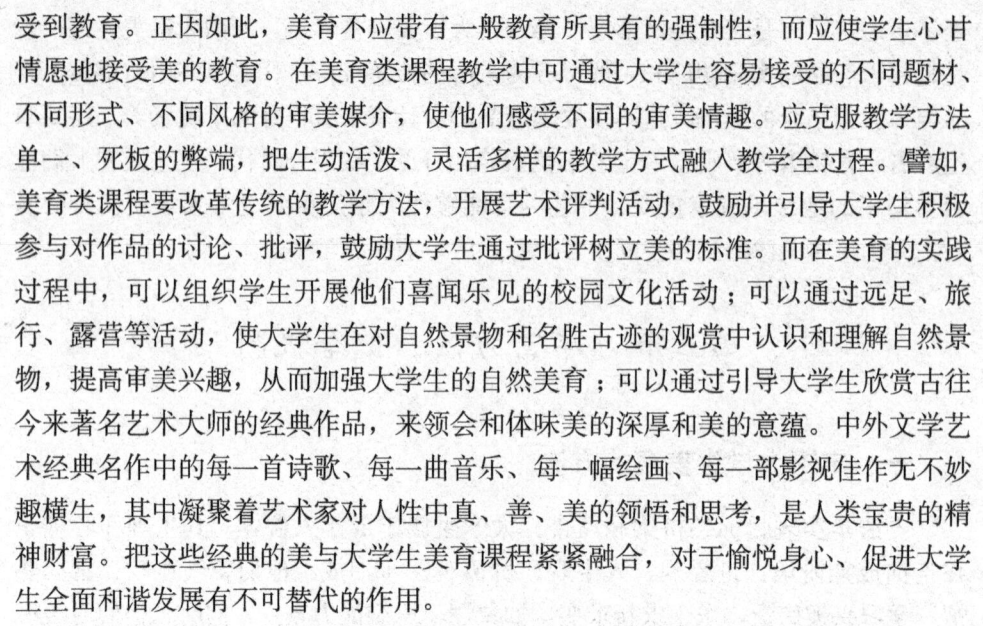

受到教育。正因如此，美育不应带有一般教育所具有的强制性，而应使学生心甘情愿地接受美的教育。在美育类课程教学中可通过大学生容易接受的不同题材、不同形式、不同风格的审美媒介，使他们感受不同的审美情趣。应克服教学方法单一、死板的弊端，把生动活泼、灵活多样的教学方式融入教学全过程。譬如，美育类课程要改革传统的教学方法，开展艺术评判活动，鼓励并引导大学生积极参与对作品的讨论、批评，鼓励大学生通过批评树立美的标准。而在美育的实践过程中，可以组织学生开展他们喜闻乐见的校园文化活动；可以通过远足、旅行、露营等活动，使大学生在对自然景物和名胜古迹的观赏中认识和理解自然景物，提高审美兴趣，从而加强大学生的自然美育；可以通过引导大学生欣赏古往今来著名艺术大师的经典作品，来领会和体味美的深厚和美的意蕴。中外文学艺术经典名作中的每一首诗歌、每一曲音乐、每一幅绘画、每一部影视佳作无不妙趣横生，其中凝聚着艺术家对人性中真、善、美的领悟和思考，是人类宝贵的精神财富。把这些经典的美与大学生美育课程紧紧融合，对于愉悦身心、促进大学生全面和谐发展有不可替代的作用。

2. 寓美于教法

大学生美育的一个重要途径是非美育类课程的审美渗透。寓美于教法主要是针对这一途径而言的，它要求高校各种课程积极借鉴美育的理念与方法，充分发掘课程中的审美因素，从而在有效提高本学科教学效果的同时更好地发挥美育功能。学校课程计划中各学科都含有美育因素。因此，任课教师在教学过程中应把学科的美学观点，即该学科在社会生产、生活中的审美价值阐述清楚，使之能激发大学生的审美情趣。例如文学教学中情感丰富的艺术形象和历史教学中杰出人物的英雄事迹，都包含着大量的审美因素，都应使其充分发挥美育作用。此外，教师在教学方法上也应增强审美因素。如采用艺术手段和多媒体教学手段使教学形象化，运用简洁而鲜明生动的语言，恰如其分地变换语调、语速讲课；教师教学时幽默风趣，加上整洁漂亮的板书等，能极大地唤起大学生的审美情趣，有助于激发大学生的学习兴趣，开拓他们的思路，使大学生在掌握科学文化知识过程中不但得到美的愉悦，同时在对美的领悟中进入科学文化的殿堂。

3. 游历教育法

美育重在实践，鼓励学生走出课堂、走进自然、走进生活，使他们能从中收获更加生动而深刻的审美体验。游历教育法就是引导大学生在旅游观光的过程中得到审美教育的方法。具体可以通过游历自然之美的方式来实现。自然景点既有天然雕琢而成的美景，也有人工形成的美景。游历自然可以感受美的发现和创造。大学生美育在做好学校工作的同时，要尽可能创造条件鼓励并支持大学生走出去接触大自然，这样不仅可以使大学生赏析自然之美，感受天地万物之灵气，

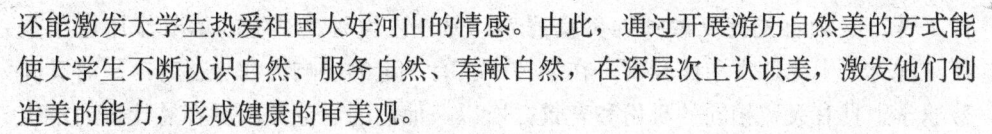

还能激发大学生热爱祖国大好河山的情感。由此，通过开展游历自然美的方式能使大学生不断认识自然、服务自然、奉献自然，在深层次上认识美，激发他们创造美的能力，形成健康的审美观。

4. 环境熏陶法

运用环境熏陶法开展大学生美育往往会达到事半功倍的效果。社会、家庭和学校构成了大学生生活的整体环境，营造良好的美育环境与氛围，应从多方面努力与实践。对于大学生来说，校园是他们学习和生活的主要场所，具有特色人文氛围的校园环境是美育的重要途径。高校校园环境分为物质环境与精神环境两个层面。校园物质环境，包括校园整体布局、校园建筑造型、绿化美化和配套设施等所营造的氛围。这是大学生一跨进校门就能直观感受到的，而且是与大学生在校期间始终相伴的。这些方面是一种形象直观的教材，是校园文化的物质体现。建设良好的校园物质环境，让人一接触便感到赏心悦目、舒适惬意，可促进大学生审美情趣、审美格调的提升，是一种强大的教育力量。校园精神环境是学校师生、员工整体的精神风貌。其中，校风、学风建设是校园精神环境建设的核心内容，是一所学校精神风貌的集中体现。构建一个生机勃勃、稳定和谐、健康向上的校园氛围，对大学生可以起到陶冶情操、启迪智慧、提升修养的作用。只有形成健康美好的校园风气和校园精神，才会使校园物质环境的美化和精神环境的美化表里如一，形成真正的审美氛围，充分发挥校园环境的美育功能。

5. 榜样示范法

榜样示范法也称典型示范法，是指通过具有典型意义的人或事的示范引导、警示警戒作用，使人们提高认识、规范自身行为的方法。这种方法是社会美育的有效方法。需要注意的是，榜样示范法为学生树立的美的榜样必须具有可学性、易辨识性、权威性、有吸引力等基本特征。例如奥斯特洛夫斯基的《钢铁是怎样炼成的》不仅影响和教育了一代又一代俄国人，在我国广大读者中也产生了广泛而深远的影响。学生进入大学后，接触较多的是教师，教师的思想之美、心灵之美、气质风格之美等都对大学生有十分重要且潜移默化的影响。高校要对承担授课任务的教师加强蕴含审美诉求的师德师风教育，使其树立"寓美育于教学过程"的理念。如果教师在讲课时能用深入浅出的理论、准确生动的语言、诙谐有趣的案例打动学生，展现科学理论的美，就会使课堂教学生动、趣味、形象，使学生在轻松愉快中学到科学文化知识，同时增强他们学习的兴趣。另外，辅导员、班主任等负责日常学生工作的教师必须不断加强自身的美育素养，因为他们是学生接触最频繁的对象，他们的一言一行都对学生有很大的影响。只有他们首先做到积极乐观地面对工作、学习和生活，才能以自己的人格美去影响、感染和带动学生，才能使学生产生积极生活、主动学习的热情。因此，要做好大学生美育工作，必须首先提高教师的美育素养。另外，优秀大学生的示范作用也很重要。优秀学生综合素质比较高，在集体中具有一定的影响力和号召力，同时又和普通学生具有大致相同的身份和背景，所以，他们的示范作用更容易让普通学生产生情感共鸣，使其互相认同。

6. 自我教育法

自我教育法是指受教育者通过自我学习、自我修养、自我反思等方式，主动接受符合社会规范的思想观念、价值观点的方法。大学阶段是人塑造思维方式的重要时期，也是形成审美观、价值观、人生观、世界观的重要时期。大学生心理上的独立意识已经形成，有较强的思辨能力和观察能力。因此在这一时期，运用自我教育法有助于大学生更主动、更自觉、更有效地参加美育活动，促进美育目标的顺利实现。为了保证自我教育法的有效实施，需要注意两方面问题：一是要求教师善于激发学生自我教育的动机，为大学生加强自我教育提供不竭的动力源泉；二是要大力营造自我教育的良好氛围，注意把学生个体自我教育与集体自我教育结合起来，使其在潜移默化中增强自我教育意识，提升自我教育的能力。自我教育过程实质上就是一种提高自我认识能力、自我调节能力的过程。在自我教育过程中，学生自我学习、自我发现，逐步增强自身审美素质，并促进自身人格不断趋于完善。

（二）运用美育方法的具体要求

1. 因材施教要求

大学生中不同的审美个体在各自的生理结构和心理结构的基础上，形成了不同的审美需要、审美能力和审美价值取向，大学生美育的内涵又是丰富多彩的，因此要想有效地运用上述美育方法，必须坚持因材施教的基本要求，即从实际出发，针对不同的问题或不同的学生个体、不同的学习内容，采取不同的方式方法。因材施教要求具体表现为：一是根据教育对象的具体特点和状况选择和运用方法，因人而异、因时而异；二是根据大学生美育中的不同教学内容选择不同的手段和方法；三是根据大学生美育过程中出现的具体问题选择和运用不同的方法。

2. 综合性要求

大学生美育方法的综合性要求就是根据教育任务、教育内容及教育对象、教育环境的不同特点选择综合教育方式，以达到最佳的教育效果。由于社会环境的复杂多变，教育对象的需求多种多样，教育对象的思想、行为复杂多样，这要求美育工作者在综合分析的基础上，运用多种美育方法进行教育引导，以便取得良好的美育效果，达到美育目的。综合运用多种美育方法的核心是建构协调各种方法的运行机制，保证各种方法形成合力，产生良性效果。

3. 创新性要求

大学生美育的对象是不断变化的，大学生美育理论是不断发展的，这就需要大学生美育的方法也要不断更新变化。当前美育工作者应该不断研究新情况，创造性地运用传统的教育方法，总结和探索新的教育方法。如此就要做到：一是坚持实事求是、解放思想、与时俱进的思想路线，增强美育的实效性，自觉探索新方法；二是注意汲取和运用其他相关学科的研究成果，丰富和发展适应现代化需要的科学方法体系；三是注意传统与现代化相结合，将传统美育方法的精华与当代科技发展的现代化手段有机结合起来，为美育提供丰富的载体和条件。

二、健全大学生美育的机制

"机制"是泛指一个工作系统的组织或部分之间相互作用的过程和方式。在任何一个系统中，机制都起着基础性的、根本性的作用。在理想状态下，良好的机制可以使一个社会系统接近于一个自适应系统——当外部条件发生不确定变化时，能自动地迅速做出反应，调整原定的策略和措施，实现优化目标。因此，建立科学有效的机制是使大学生美育开展得以规范有序、富有成效的基础性工程。

（一）建立健全加强大学生美育的政策机制和领导机制

1. 建立健全加强大学生美育相关法律法规

历史的教训、国外的经验和现实美育工作中的问题都共同表明加强大学生美育相关法律法规很关键。虽然1999年我国的教育方针已明确地将美育纳入全面发展的教育体系，2006年教育部办公厅也出台了《全国普通高等学校公共艺术课程指导方案》，明确规定了高校公共艺术教育的实施细则，但是在《中华人民共和国宪法》有关教育内容的规定中尚未给予美育一席之位。此外，教育部关于大学生美育实施的文件仍然一如既往地只规定了公共艺术教育的实施要求，而没有将大学生美育丰富的内涵囊括进去。而且截至目前，教育部并未明确地将大学生美育纳入本科教学评估的指标体系，更未出台专门针对大学生美育的考核评估文件。要改变大学生美育"说起来重要、干起来次要、忙起来不要"的现状，就要在国家根本大法中纳入美育，在教育部相关文件中丰富美育的内涵，特别是尽快推出大学生美育的考核评估制度显得至关重要。在"有法可依"的前提下，国家及其教育部门要加大对大学生美育相关法律法规贯彻落实情况的检查力度。国家要站在构建和谐社会与建设创新型国家的高度推动大学生美育相关法律法规的落实与实施。教育主管部门要把大学生美育纳入普通高校本科教学工作水平评估方案中，把它与高校办学水平与质量的总体评价相联系，形成有力、有效的监督考核机制。

2.建立健全加强大学生美育的领导机制和工作机制

大学生美育是一项复杂的系统工程,要完成大学生美育的任务,高校领导者和教育者必须充分认识到大学生美育的重要性,统一思想,加强领导。各高校应成立专门的领导机构,加强对大学生美育工作的指导和决策。为了将大学生美育工作落到实处,充分实现其育人功能,高校应成立作为二级管理机构的美育中心,下设美育教研室和美育活动指导室,分别负责全校的美育教学、研究工作和审美实践活动。

(二)建立健全加强大学生美育的动力机制

1.优化美育课程设置,发挥课堂教学主渠道的作用

在学校教育中,课程的覆盖面是广泛的,特别是必修课,能使每位学生系统接受相应的教育。美育存在于各门课程中,存在于丰富多彩的校园文化活动中。但是大学生美育的主渠道还是美育类课程。这类课程的设置主要包含三个部分:一是基础理论课的设置。较之于中学生,大学生的理性思维能力有了较大的发展。为了在审美活动中做到以理导情、情理并融,要引导大学生学习必要的美学、美育理论,让他们在美学、美育理论的指导下从事审美实践。因此,给大学生开设"大学美育""美学原理""艺术概论""审美心理学"等基础理论课,有利于对他们进行系统的美育教育,提高他们的理论素养,促进他们树立健康、高尚、科学的审美观。二是美育知识课的设置。应该开设一些更为实用的,与现代科技发展紧密结合的美学、美育知识课程,如科技美学、色彩美学、结构美学、环境美学、新技术美学等方面的课程。三是艺术鉴赏课的设置。例如"中西绘画欣赏""世界名曲赏析""影视评论"等大学生喜闻乐见的课程,可提高他们欣赏美和创造美的能力。在艺术课程设置上,高校还可以根据本校的特点,适当地渗透和突出民族艺术教育,开设一些介绍民族艺术的选修课,从而形成院校在民族艺术教育方面的特色。

2.完善激励机制,增强大学生自我美育的能动性

自我美育能够充分发挥受教育者的主观能动作用,使受教育者自觉、主动、积极地进行自我学习、自我修养,提高受教育者的审美水平。在大学生美育过程中,美育工作者应根据大学生实际情况开展相关激励活动,如设置相关的奖励制度、定期开展相关评比活动等,为审美活动良性开展并取得好的美育效果奠定基础。引导大学生广泛地参加审美实践、创美实践,使他们浸润在美的世界中,可使他们潜移默化地融美于心,掌握美化自身的方法,逐渐养成自我美育的习惯。通过物质或精神的激励,可调动大学生审美的兴趣和积极性,增进他们对美的向往。这样大学生不仅能够逐渐地成为自我美育的自觉实践者,也会带动周围的其他人共同营造一种充满人文关怀和审美情调的文明而优雅的氛围。

3. 丰富第二课堂，为大学生广泛开展审美实践、创美实践搭建平台

第一课堂美育类课程教育是实施美育的主渠道，学生通过理论学习可以获得相应的美学知识，懂得如何欣赏美、了解美、发现美，从而指导自己的行为。第二课堂则是学生内化理论教育的主要实践渠道。课外活动是一种自由活动，在灵活多样的形式中，蕴含着大量的、直接的美育内容。因此，大学生美育不仅要通过各门课程来进行，而且应该把各种课外活动的开展纳入美育的总体目标中，如有目的、有计划地组建各类美育工作室、学生社团。还应出台相关制度，保障丰富多彩的校园活动有序开展，如举办校园文化节、艺术节、各类艺术竞赛、评比活动等。要特别重视对大学生审美能力、创造能力的培养和提高。所谓美的创造能力，不是狭义地仅指文学艺术的创作活动，而是指在一定美育思想影响下，按照美的规律所进行的一种自觉的有意识的创造审美价值的实践活动，故而包括一些社会公益活动、科技创新活动等。要积极将第二课堂活动打造成大学生创美实践的活动平台，使其运用所学的美育知识亲自创造美的形象，充分体验自然美、艺术美、社会美，强烈地感受时代美、人格美，从而更加深刻地理解美的真谛。

（三）建立健全加强大学生美育的保障机制

1. 调动校内外积极因素，拓展美育资源

开放性的"大美育"，几乎涉及学校教育的各个领域，成为德育、智育、体育几大教育的中间枢纽，并散载于各学科、各课程中，甚至牵涉家庭和社会，其具体操作和实施较之单纯的艺术美育要困难得多。在营造美育氛围方面，校园环境起着重要作用，即所谓的环境育人。清净的校园有优美的生活环境、学习环境、活动环境，不仅愉悦了学生的心境，陶冶了学生的情操，也激发了学生对学校、对生活和对祖国无限热爱的美好情感。大学生美育仅仅局限在高校这个"象牙塔"里是远远不够的，必须带领学生走出校园，到社会这个"大熔炉"里去"淬炼"。社会是丰富多样的，也是鱼龙混杂的，大学生美育要引导学生勇敢地走入社会去发现美、辨别美、学习美、创造美，要让大学生把在学校所学、所想运用到实践中，在社会美中去体会人生美，积累经验、增长才干，使社会成为大学生成长成才的另一阵地。正是从这个意义上，苏霍姆林斯基把社会或校外作为大学生美育的重要场地。要积极引导校外美育资源进校园。要把校外高雅、吸引力强的审美文化资源积极引入校内，充分拓展大学生美育的载体。如今我们生活在信息时代，网络空间也是一个需要高度重视的校外美育场所。网络不仅是大学生了解社会的重要窗口，更是大学生进行自我美育的重要渠道，是美育超越校园而扩大到社会的重要媒介。

2. 加大美育经费投入，完善美育师资建设

当前美育教学手段比较落后，其中一个很重要的原因是美育经费不足，因

此要在美育的硬件建设上切实增加经费投入。各高校应在教育经费的年度预算方案中大力加强美育场馆设施建设，要建设设施设备较为完善的音乐教室、舞蹈教室、学生活动中心、学生剧院、艺术展厅、大学生乐队、大学生艺术团等美育教育教学载体，并确保教学经费、学习培训费等的正常开支。

当前，完善师资建设可从增加教师数量、调整师资队伍结构两个方面着手：第一，高校应加快美育类课程教师队伍建设。教师队伍建设可采取的方法有：聘请兼职教师；择优从社会招聘专业教师；招聘或选留优秀博士毕业生、硕士毕业生等。同时，还要充分发挥有业务专长的退休教职工（包括热心美育和艺术教育事业的退休教师等）的作用，聘请他们兼任美育专业课堂教师或课外辅导教师。实践证明，这是解决当前一些学校美育师资缺乏的一种行之有效的办法，也是学校全面开展美育工作、提高教育质量的一项重要措施。第二，高校要构建合理的美育师资队伍结构，即队伍年龄构成要老、中、青搭配合理；专业教师构成要包括美学、美育专业理论教师与音乐、美术、舞蹈、戏剧等艺术专业教师；职称层次构成要包括高级、中级、初级职称等。按照教育部的相关规定，要确保开足开齐各种美育课程，并取得良好的教学效果，促进大学生美育类课程的健康发展。在加强美育师资队伍建设过程中，对教师的正当需要也不能忽视。学校要切实帮助美育教师解决好工作条件、奖励、晋升及待遇问题，尤其需要重视教师的职称问题，这样才能有效地促进美育师资队伍建设。

（四）建立健全加强大学生美育的评价机制

1. 调动师生积极性，完善评价的标准和程序

在大学生美育工作中，教师应始终占据主导地位，起主要作用。但学生的自主意识不容忽视，没有学生的自主参与，就没有美育工作的现实活力，就很难达到良好的美育效果。要制定科学的评价标准及程序，要既简便易行、具有可操作性，又要有利于切实推动大学生美育的深入发展。所以，对美育的评价不但要考虑学生接受美育的程度，参与审美创美活动的表现和取得的成果，更要关注后续效应。

在具体的评价过程中涉及三个维度：一是上级主管部门对各高校开展大学生美育工作状况及成果的评价；二是学校对教师实施美育的情况的评价；三是教师对学生参与美育和自我美育情况的评价。关于评价的主要内容及程序在探讨大学生美育评价的规律中做过较详细的说明，以下侧重于教师对学生的美育评价机制的探讨。

2. 建立长效机制，做好学生美育评价工作

大学生美育是一个多元组合的教育体系，因此应当在全方位、多角度调查的基础上制定综合性的长效评价机制，以促进大学生美育的顺利实施。如前所

述，大学生美育的评价方法适宜定性评价与定量评价相结合，定性评价更多的是一种过程评价。大学生美育评价应是一种个性化评价，具体可从三个方面实施：第一，现实性评价和发展性评价相结合。现实性评价的主要内容包括大学生对美育知识理论的掌握、审美观念、审美能力等情况的评价，关注的是大学生现实的知识与能力水平；而发展性评价侧重于对大学生审美情趣、创美能力及人格水平等方面的评价，关注的是大学生的审美素质及综合素质的提升空间。把现实性评价和发展性评价结合起来，有利于激发大学生潜在的学习兴趣和审美兴趣，促进其个体人格的完善。第二，日常评价和阶段性评价相结合。日常评价是指教师以大学生在日常美育中的表现和参与美育活动的情况等方面的记录为依据进行的评价；阶段性评价是指对大学生的期中、期末的阶段性测评。只有把日常评价和阶段性评价相互结合，才能更全面、更公正地对大学生做出个性化评价。第三，自我评价与他人评价相结合。自我评价是大学生对自己在美育中的表现和参与美育活动的情况所做出的评价；他人评价是同学间的互评或学生小组的集体评价及教师的评价。传统的教学评价中，评价主体往往是教师，学生只是评价的被动接受者。个性化评价要求教师更多地成为评价活动的组织者、协调者，学生参与评价过程，既是受评者，又是评价者，评价的主体呈多元性，使评价更全面、更有说服力和指导性。此类评价还能引导学生站在更高的角度审视自己和他人，从中促进学生自我反思、自我调整和自我改进，比起教师直接对其进行教育指导印象更深刻，更有利于培养学生自主学习的习惯和能力。

第四节　提高美育队伍素质，优化美育环境

一、提高大学生美育队伍的素质

（一）提高美育类课程教师队伍的整体素质

提高美育类课程教师的整体素质，包括思想品德素质和文化业务素质，特别是教师自身必须具备一种文化品格，在价值观念、人格境界、文化修养、精神旨趣等方面达到较高水准，在实施美育的过程中起到为人师表的作用。培养和提高教师的素质，可通过多种形式、多种渠道进行。在提高教师思想品德素质方面，例如，建立师德建设激励机制、开展各类师德教育活动，可由学生来评选师德模范教师，学校给予精神和物质奖励，组织师德报告会、经验交流会等活动，引导教师们，特别是青年教师严格自律，践行敬业奉献的职业操守。在提高教师文化素质、业务素质方面，进行定期的业务学习，如以老带新、以新促老，做好

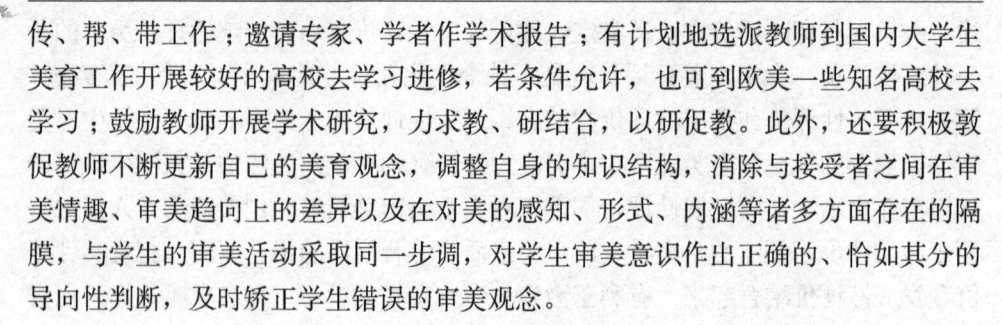

传、帮、带工作；邀请专家、学者作学术报告；有计划地选派教师到国内大学生美育工作开展较好的高校去学习进修，若条件允许，也可到欧美一些知名高校去学习；鼓励教师开展学术研究，力求教、研结合，以研促教。此外，还要积极敦促教师不断更新自己的美育观念，调整自身的知识结构，消除与接受者之间在审美情趣、审美趋向上的差异以及在对美的感知、形式、内涵等诸多方面存在的隔膜，与学生的审美活动采取同一步调，对学生审美意识作出正确的、恰如其分的导向性判断，及时矫正学生错误的审美观念。

（二）提高非美育类课程教师队伍的审美素质

大学生美育，不仅是美育专职教师的事情，德育、智育、体育等所有任课教师都肩负着这一使命，不断提升非美育类课程教师队伍的审美素质势在必行。提高非美育类课程教师审美素质，首先要求其塑造好自身的人格形象。具体而言，一是要明确思想认识；二是要提高审美素质。非美育类课程教师必须深入认识自身的教育教学工作与大学生美育的关联；认识到自身所肩负的职责；认识到身教胜于言教，教师自身的人格形象对学生潜移默化的深刻影响。在此基础上，加强自身美学、美育知识与技能的学习和实践，积极提高自身的审美素养，不断完善自我的人格形象。

做到身教胜于言教，唯有教师通过自我锻炼与培养不断提升自身的审美素养，才能在不同课程的课堂教学中，既言传，又身教，从而将审美教育渗透于教育教学全过程，在促进本学科教育教学效果的同时，提高学生的审美素质。

其次，要注意教育教学过程中的美育渗透实践。教师应注意挖掘教材中的美育因素，将审美教育与课堂教学有机结合，充分发挥课堂教学的主渠道作用，把审美元素渗透到各科的教学活动中。例如理工科教师应演示黄金分割、比例、对称、轨迹曲线等科学美，使学生既感受到自然美又能实现创造美的体验；体育教师通过健美操等增强学生形体美的意识；劳技学科也应渗透艺术美的内容。学科课程通过美育渗透，达到"随风潜入夜，润物细无声"的育人效果，使学生在更好地掌握科学文化专业知识的同时，得到美的感受，从而全面发展思维能力和创造能力。

（三）提高辅导员、班主任队伍的审美素质

高校辅导员、班主任是做好大学生日常审美教育和组织学生进行课外审美实践活动的骨干，是大学生的人生导师，也是陪伴学生四年成长的知心朋友。所以，辅导员、班主任要从思想上对高校的审美教育有正确的认识，要以学生为中心，通过对学生进行审美教育，培养学生发现美、表现美、创造美的能力，促进学生的全面发展。

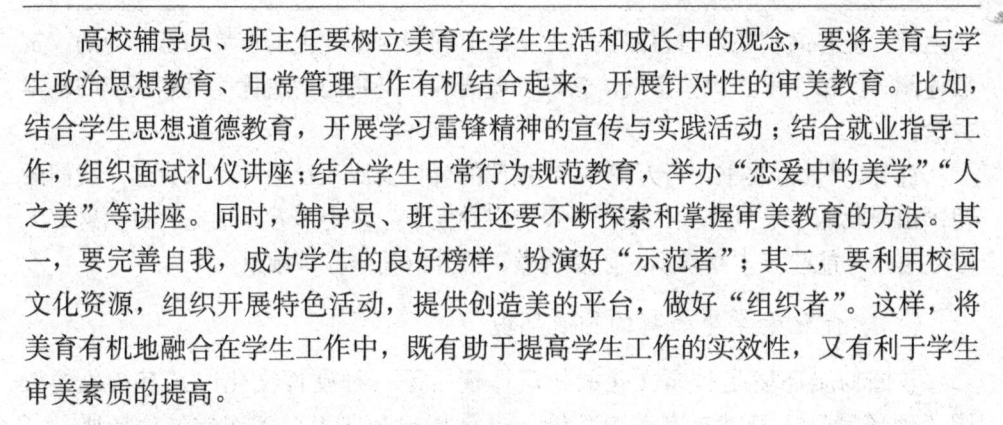

高校辅导员、班主任要树立美育在学生生活和成长中的观念，要将美育与学生政治思想教育、日常管理工作有机结合起来，开展针对性的审美教育。比如，结合学生思想道德教育，开展学习雷锋精神的宣传与实践活动；结合就业指导工作，组织面试礼仪讲座；结合学生日常行为规范教育，举办"恋爱中的美学""人之美"等讲座。同时，辅导员、班主任还要不断探索和掌握审美教育的方法。其一，要完善自我，成为学生的良好榜样，扮演好"示范者"；其二，要利用校园文化资源，组织开展特色活动，提供创造美的平台，做好"组织者"。这样，将美育有机地融合在学生工作中，既有助于提高学生工作的实效性，又有利于学生审美素质的提高。

（四）提高美育骨干学生的审美素质

目前，各高校的学生社团在管理与实际运行中存在很多问题，这与大学生们的期望以及高校素质教育的目标相差甚远。究其原因，还是在于校园文化流于浮浅，审美教育没有在社团活动中发挥引导作用，难以给学生较强的吸引力。

学生社团中骨干学生的审美素质在很大程度上决定着社团活动美育功能的发挥。因此，这就有必要根据不同层次学生的接受能力和不同爱好，培养一定数量的骨干学生，带动全体学生美育水平的全面提高，这是培养大学生审美素养、提高教育效果的重要环节。

抓好骨干的重点培养，提高骨干学生的审美素质，将这些骨干学生看作社团活动的主力军和引导者，能够充分发挥校园文化和社团活动的美育功能。此外，"朋辈"交往对大学生审美素养的提高具有很大的影响作用，应当将具有"交流、对话、民主、探讨"特点的"朋辈"教育引入大学生的美育过程中。有意识地创设环境，鼓励学生在群体内通过对话、合作展现个体的独特的审美观点，并通过交流达成彼此"视界"的融合，促进大学生健康人格的共同成长。

二、优化大学生美育的环境

挖掘环境育人资源，美化学校育人环境，通过环境塑造人，促进学生的全面发展，也是学校美育的重要方面。当前，在优化大学生美育的客观环境方面要重视以下几点：

（一）优化大学生美育的自然环境

高校实施美育促进了校园环境的净化和美化，反之，优美、和谐、向上的校园环境又促进了大学生综合素质的提高和完美人格的形成。大学生美育应当重视自然环境的选择和美化。例如蔡元培所说："学校所在之环境有山水可赏者，校之周围，设清旷之园林。"当然，受客观条件的制约，未必人人都能坐拥青山绿

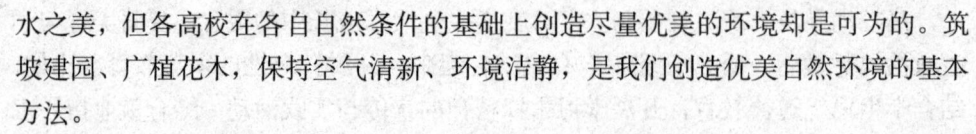

水之美，但各高校在各自自然条件的基础上创造尽量优美的环境却是可为的。筑坡建园、广植花木，保持空气清新、环境洁静，是我们创造优美自然环境的基本方法。

此外，"读万卷书，行万里路。"强调的就是要深入社会，深入自然。我们的祖国山河壮丽、风景宜人，高校美育应引导大学生多走多看，饱览大自然这部无字之书，才能收获丰富学识、拓展胸襟、提升审美修养等硕果。

（二）优化大学生美育的物质环境

校园物质环境是校园文化的物质体现，是一种硬件文化。富有特色的校园"硬环境"本身就具有美育功能，也是高校开展美育工作的最佳场所。其具体要求表现为校园建筑和室内环境的整体布局、规划等方面，应体现出统一、严肃、朴实、典雅的风格，同时强调各院系的特色，给人一种奋发向上、充满生机的感受，使大学生身心愉悦，获得美的享受；校园中，与自然景观交相辉映的人文景观要集形式美与校园文化意蕴于一身，还可因地制宜，制作宣传栏、甬路牌、壁报栏、文化墙等，使每一堵墙壁会说话，从而取得"润物细无声"的效果。

另外，还要优化美育设施。高校美育工作更多地体现为实践活动。因此，需要有关的美育设施，如音响设备、展览场地、舞蹈室、琴房等，这些设施直接服务于审美教育，为其发挥影响力提供必要的物质条件。

（三）优化大学生美育的精神环境

美的大学校园精神环境应当包括严谨的学术传统，科学、民主的管理制度，丰富多样的校园文化、体育活动等。校园精神文化为高校美育提供了良好的文化氛围。高校校园文化作为一种长期积淀而形成的特定群体精神文化，具有高尚、文雅、精益等特征，其宗旨是"塑造高尚的精神"。

优化大学生美育的精神环境，一是要建设积极的校园精神文化。最核心的是校风建设。校风是学校在办学过程中长期积淀而成的具有行为和道德意义的风气，是在校内乃至社会上具有极大影响并被普遍认可的思想和行为风尚。优良的校风是一种强大的精神力量，它能使个体成员在实践中不断地调节自己的心理机制与行为，使之符合道德与审美规范的要求。

二是加强人文素质和科学精神教育。通过教育资源的整合，努力形成一支学术水平高，学科构成合理的专家学者队伍，逐步建立覆盖课堂教学，课外活动和社会实践等内容的科学教育体系，充分发挥国家和地方大学生文化素质教育基地的示范辐射作用，提升大学生的人格、气质和修养。建设积极的校园精神文化特别要弘扬传统文化，让大学生全面认识和领悟中华民族传统艺术的精华。

（四）优化大学生美育的人际环境

高校的人际环境主要是指师生之间、教师之间、学生之间、行政管理人员与师生之间在交往互动中显示的相互关系，文化素质和精神风貌。人际环境作为学校内部的心理环境，为大学生树立正确的世界观、人生观、价值观和审美观起着潜移默化的熏陶作用。师生的亲密无间、同学间的互助互爱、行政管理人员与师生之间的和谐融洽等所共同营造的良好的人际环境，能够有效地促进大学生身心健康和人格完善。

在学校的各种人际关系中，师生关系是最主要的，因而也是美育渗透的重点。应当看到，被冷落的"红烛""春蚕""园丁""人梯"等教师的伟大精神，恰好是建构最融洽的师生关系、让学生终身爱戴教师的重要因素，也是审美精神的集中体现。审美化的人际关系是学校师生共同的追求，美育渗透在这方面能发挥独特作用。因为美育渗透以促进人的和谐发展为根本目的，以引导人超越功利的纠缠和伦理的束缚、建构师生平等对话的主体间性关系为本质特征。

（五）优化大学生美育的网络环境

充分发挥网络等新型媒体在校园文化建设中的重要作用，是大学生美育面临的一个新课题。网络的正面效应很多，但负面影响也不少。学生因上网成瘾而酿成悲剧的事例已经多到让人感觉麻木的地步，网络上一些低俗不堪的内容对青年学生健康高尚的审美观念和审美情趣的形成也具有消极作用。网络对人的吸引和危害，集中体现在"虚"字上。它以虚拟的世界、虚构的场景，给人带来虚幻的自由。网络看似一个自由度很大的空间，人们可以赤裸裸地表达各种想法。这种表达的直白与大胆，来自表达者对自己真实身份的隐瞒，而这种降低了道德要求和审美标准的表达，往往是丑陋欲望的宣泄。网络的开放性是学校无法控制的，大学生美育工作首先应立足于加强学生的审美观念教育使其以文明健康的方式介入网络生活。引导学生认清自我，尤其要在认清人是感性与理性统一体的基础上，认识理性对人的生存的规定性。人应当理性地对待网络，而不是沉浸其中。尤其要引导学生把握自由的真正含义。让学生懂得自由之舟要靠理性来护航，它不仅表现为权利，更是以责任为基础；真正的自由是一种审美化的自由，是一种真善美达到和谐统一的自由。

其次，优化大学生美育的网络环境，使大学生屏蔽非美的熏染，收获美的陶冶，还可从以下几个方面来努力。

其一，建立网络监管法律体系。必须通过司法、公安、工商、学校等部门和社会各界的共同努力，加快网络环境综合整治，联手完善网络法律体系，健全网络立法，使网络空间不至于成为道德审美的飞地和不良信息的垃圾场，营造一个从网上到网下良好的社会人文环境。这是网络美育顺利开展的先决条件。

其二，积极调动社会、学校和家庭等各方面因素形成多层次、全方位的网络美育格局。一方面，要下大力气建设社会网络美育管理队伍，形成严密有序的网络管理梯队，完善网络管理机制，构建绿色网络环境。另一方面，要建设高质量的学校网络美育管理队伍。美育教师既可以为大学生提供新型网络交往的榜样，也能充分利用网络交往的匿名性、虚拟性特点，与学生进行平等、亲切的网际对话，了解学生的真实想法和困惑，充分尊重每一位学生的个性发展。

其三，寻找符合大学生心理特点的网络美育方法。要遵循大学生身心发展的规律，分析美育过程中心理现象的各个方面和环节，深入研究网络审美与现实审美的差异，充分利用网络平台，制订合理的美育内容、案例、方案和措施，积极培育大学生识别美、欣赏美、评价美、创造美的能力，使网络成为大学生实现审美自觉，营造审美化的生存理念和生活方式的有效途径。

第六章　高校大学生美育教学实践

第一节　高校大学生书法美育教学

一、书法艺术的审美鉴赏

中国书法的基本法构成包括四方面，即笔法、结体、章法、意境，这也是欣赏和创作书法艺术的基本方向。

（一）笔法美

书法之妙，全在运笔。"精美出于挥毫"，每一点画都有起笔、行笔和收笔，行笔"迟"可以体现重力美，"速"可以体现潇洒流畅之美。笔锋的运用，或方或圆，或提或顿，或露或藏，或翻或绞，会产生千姿百态的点画形态，有不同的审美价值。中锋是书法传统的基本笔法，点画充实圆满，显出浑融含蓄的筋骨美。我国古代书论家用筋、骨、血、肉来比喻书法线条是有生命的活体。笔力也是旺盛生命力的体现，"力"才能使形象丰满，栩栩如生，犹如聆听贝多芬命运交响曲时音符踏在心口上的那种厚重却又虚幻的力量。字的线条一旦充满力量，生命感和美感就油然而生，这也是书法审美的重要标准。中国书法强调"一笔书"，行笔中的势态，时快时慢，或左或右，如同一股川流不息的生命气脉，笔笔相生，环环相扣，在静态中寻求一种生动美。

（二）结体美

"结体"，也称"间架结构""布置"等。匀称、比例、和谐、节奏、虚实等都是汉字造型原则。宗白华提出点画的空白处也是字的组成部分，计白当黑、虚实相生，才是书法艺术之妙境。结体是书法作品的风格表现和审美特征。结体生于笔势，不同书法家的秉性气质不同，造成笔锋、笔势上的差异，就形成了个性鲜明的结体美。比如，颜柳楷书字体匀整，张弛有度，颜体书法中宫宽绰，笔力雄健，结体端庄，有恢宏之气；柳体则中宫内收，伸展雍容，气象森严，有廓大之风。书法结体之美还体现在动静相济,提笔用墨前求静,凝神静想,心正气和才能使翰墨入妙,随之化静为动,追求形神兼备的审美趣味。"为书之体,须入其形,若坐若行,若飞若动,若待若来,若卧若起……"书写出心灵静态和生命动感的书法才值得称道。

(三)章法美

章法,即"布局",是指处理字的点画和行列组合关系的技法。"一点成一字之规,一字乃终篇之准。违而不犯,和而不同。"这两句话高度概括了书法在分行布白上的形式美。各行各字都要上下左右照应,"无笔笔凑合之字,无字字叠成之行",构成生动自然、和谐统一的整体。一部完整的书法作品包括正文、款识、印记,要体现章法美,其排列有讲究。章法美体现了中和美,书法本身就云集了中国传统文化的旨韵,追求动静相生、阴阳相济、连贯圆活的"中和"美。章法美也是综合美,欣赏一幅书法作品首先看到的是整体,从宏观来看,作品所流露的气势和艺术构思就足以吸引观赏者。

(四)意境美

意境是中国传统美学思想史的重要范畴,也是书法家追求的重要目标。书法意境产生于笔走墨运的性情中,由笔墨线条的"象"而起,又外接"造化",超越于"象"。

领略中国绘画艺术的意境美,须以绘画艺术特有的语言符号为人口。气韵生动的线条便是心之脉动,线之刚柔涅润,字之敛舒险厉,都在一张一弛、一阴一阳中展示"无我之境",线条墨象所表征的"性情哀乐"正是生命意识的体现。

二、书法艺术与高校美育教学

(一)书法艺术的美育功能

书法美育在构建中国特色的审美教育体系的过程中具有独特的地位和作用,发掘和阐释书法艺术深刻的美学意义,充分发挥书法的美育功能,是高校美育的有效途径之一。

1. 书法美育能弘扬国粹

书法是我国独特的传统文化历史遗产,高校学生应该把我国的国粹传承下去,接受书法艺术的内在精神内涵,懂得书法之美,了解中华民族的民族审美特征和审美精神。

2. 书法美育能够培养和提高学生的人文素养

通过书法美育可以培养学生敏锐的感知力和丰富的想象力,能陶冶他们的

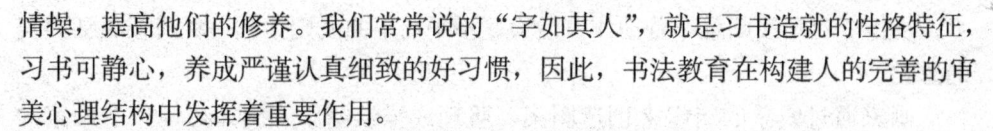

情操，提高他们的修养。我们常常说的"字如其人"，就是习书造就的性格特征，习书可静心，养成严谨认真细致的好习惯，因此，书法教育在构建人的完善的审美心理结构中发挥着重要作用。

3. 书法美育在提高学生审美能力的同时，能带给他们愉悦之情

通过对书法形式美、技法美、意境美的理解和感受，让学生认识到书法之美来自生活的体验和概括。

（二）书法美育的实施途径

首先，书法史和书法美学理论是书法美育的主要内容，只有让学生充分了解书法的渊源、历史，并掌握基本的书法美学思想，才能使他们认识中国书法的博大精深。

其次，通过作家作品个案教学，让学生了解书法家所应具备的素质，以激发学生以此为榜样。对历代优秀作品的赏析和学习，可以使学生获得美的熏陶和美的享受，培养他们正确的审美判断力及高尚的审美情趣和品位。例如，以颜真卿《颜氏家庙碑》为例，《颜氏家庙碑》有丰腴雄伟、雍容端庄的楷书风格，看似拙，其实巧；貌似肥，其实劲；形似浊，其实清。儒家所谓"齐庄中正，足以有教""席不正不坐""居天下之广居，立天下之正经"，颜真卿书法的"方位感"正是体现了这种儒家道德意识，平画宽结，堂堂正正，具有一种包容性，包容了他的人生理想，显示着颜家的品行操节，涵纳了儒家的内省。欧阳修曾评价颜书如同道德君子，端庄稳重。宋代朱从文《续书谱》中，颜真卿书法被列为神品第一，赞其"纵横有象，低昂有态""庄重笃实，见夫承家之谨"。颜真卿楷书庄重厚实的风格，与其刚直不阿、忠贞爱国的品德和气节相似，"字如其人"的颜真卿不愧为中国古代书法艺术史上继王羲之之后的高峰人物。

最后，艺术的实践性很强，通过系统的技法训练，可以提高学生的书写水平，使他们深刻体会书法艺术的真正魅力。

第二节 高校大学生绘画美育教学

一、绘画艺术的审美鉴赏

首先，艺术语言的造型美。线条、色彩和构图等手段是绘画艺术独特的表现方式和基本的艺术语言。画家通过运用这些绘画语言，能使欣赏者在二维空间的画面上产生三维空间的立体感受。例如，线条，有曲有直，水平线意味着放松、平静与休止；斜线给人一种不稳定感；垂直线意味着静态张力、准备就绪、抵抗

力、支撑；对角线则意味着动作、活力、不平衡；曲线则给人一种流畅灵活柔美的感觉。

画家通过线条的组织来创造图案、肌理或描绘阴影。例如英国风景画家约翰·康斯泰勃尔德的《干草车》，就是用突出的横线和竖线控制整幅画面，给人平和宁静的印象。在中国的绘画艺术中，气韵生动的韵味也大都由线条来体现。

色彩是绘画语言中最富表现力的部分，不仅能真实地反映自然物，也能直接表达艺术家的思想感情。人们在审美时，颜色会起主导作用，保罗·克勒的画多用深绿色，代表着生命和希望，是一种梦幻般的感觉；培根的《三联画·中幅》则传达着孤独，因为他用了大量黑、白两色。色彩语言有很多象征寓意，蓝色象征信念和忠诚，绿色是青春和希望，每一种颜色都有它的特殊含义，画家根据自我喜好选择或者不经意间选用的图画的颜色，包含着各自的精神情感。

构图是画家为了表现主题和美感，在画面上处理各个形象的位置关系并组成艺术整体，达到写实性与象征性相融合。水平式的构图常常暗示着安闲、和平、宁静；金字塔式的构图常暗示稳固、持久；锯齿形的构图常包含着痛苦和紧张；圆状的构图常暗示着圆润、完满。这些绘画语言的有意味的呈现，使绘画艺术具有直观性和可视性、具体性和精确性，这样纸面之物才能进入审美之维。

绘画是情感劳动，是人格本性的自然流露，也是一种人格化的再造自然。成熟的艺术必然是赋予了情感体验的艺术，是感于心而发，动于情而画，是表现自然的纯真与纯情。绘画中的艺术形象有着意境美。艺术家通常选择最富于表现力的一瞬间来表现生活、表达心境，构筑出从有限中见无限、从有形中见无形、静中有动、动中有静的特殊画面。留给欣赏者无限的想象空间，在营造瞬息美这一点上，绘画与雕塑有相通之处，沉默而凝固的事物在视觉效果上往往呈现为欲说还休、欲动则静等具有动势的艺术造型。体味到绘画的意境之美才能直达艺术的灵魂之处和魅力之所在。

其中，我国绘画艺术历史悠久，博大精深，有独特的文化底蕴，是代表东方绘画艺术高度的绘画体系。

中国画的审美特征大都与中国传统文化思想相联系，因此，对中国传统绘画进行审美，必须对中国博大精深的传统文化有所了解。在绘画美育中，对高校学生进行文化素养的熏陶才能使其在欣赏过程中获得深刻的意蕴，享受到无穷的意趣。第一，中国绘画受中国传统哲学思想影响很深，虚实相生是哲学宇宙观的重要问题，也是中国绘画艺术的一个特点。中国书画都重视"计白当黑"的艺术技法，宋代马远对这一技法运用非常自如，他常常只画一个角落，因而得名"马一角"。空白不是无象，而是更有深意，更具无言之美，正所谓"虚实相生，无画处皆成妙境"。第二，中国画所用的传统工具材料造就了中国画的特殊性。笔、墨、水、绡等的运用使中国画与西方绘画视觉效果存在巨大差异。毛笔笔端尖细柔软，可用于勾勒，也可用于罩染，用笔可粗可细，宛转流畅。中国画家对墨色的运用非常自如，水的调入可以使墨色或浓或淡，或清或显，呈现出明暗层次的亮度关系。第三，中国绘画多采用"散点透视"。中国画特别是山水画中，画家往往置自身于一个高于对象的高度，以大观小，对景物进行全方位关照。视觉的不固定使艺术家常常可以神游四方、俯仰自得，为意境的创造提供了广阔自由的空间。同时，创作主体将自我生命也倾入天地世界生命内核中，以自然之精华陶冶自身，寄托情怀，犹如庄周梦蝶般物我交融，与对象合二为一，到达"天人合一"的境界。第四，中国画熔诗、书、画、印为一炉，成为一种综合艺术，增加了中国绘画的审美因素。北宋文人认为"诗不能尽，溢而为书，变而为画"，诗书画的结合能更充分地抒发胸臆。王维被苏轼誉为"诗中有画，画中有诗"，这样的艺术品，意境深远，诗情画意，相得益彰。书画结合使主题鲜明，笔墨趣味更浓，一幅水墨画添上一抹朱红印章，气氛会骤然活泼起来，又显得高雅，这四方面的结合是非常讲究的。

二、绘画艺术与高校美育教学

（一）培养学生的审美领悟力和想象力

审美领悟是指在审美活动中，审美主体以感性形式对客体意蕴的直观把握和理解。阿恩海姆指出："任何一个人的眼力，都能以一种朴素的方式展示出艺术家所具有的那种令人羡慕的能力，这就是那种通过组织的方式创造出能够有效地解释经验的图式的能力。因此，眼力也就是悟解能力。"审美领悟包括在审美知觉和审美想象这两个阶段的领悟，后者更为深入。因此，引导学生对艺术作品作深层次的解读，寻找有意味的形式，能够使学生对生命和有意蕴的东西有更深刻、更个性化、更纯粹的领会，达到美化和完善心灵的目的。审美想象是建立在审美知觉的基础上，围绕心象展开的创造性的心理过程。学生面对一幅画时，可以"思接千载"，可以"精骛八极，心游万仞"，打破时空的局限性，进行自由的联想，从而锻炼了想象思维。绘画的特征是瞬间艺术，一个瞬间留下的想象空间无尽，只有完成了审美想象，才能获得完美的审美享受。

（二）情感因素可以促进学生的审美心理建构

在欣赏绘画作品时，要重视情感要素。首先，引导学生与绘画艺术家进行情感交流，使学生更容易受到艺术家高尚情操的影响，有情感交流的审美，才是有价值的审美。列夫·托尔斯泰曾说过："艺术是这样一项活动：一个人用某种外在的标志有意识地把自己体验过的感情传达给别人，而别人为这些情感所感染，

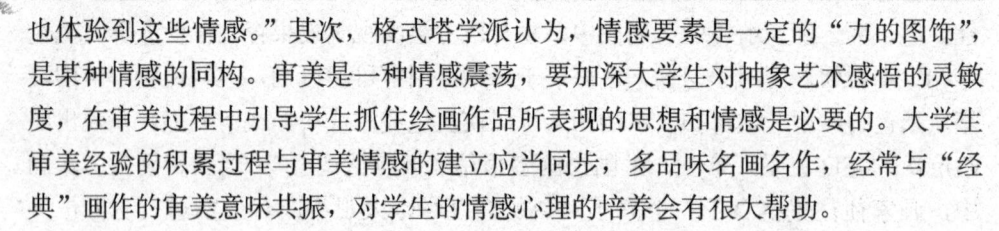

也体验到这些情感。"其次，格式塔学派认为，情感要素是一定的"力的图饰"，是某种情感的同构。审美是一种情感震荡，要加深大学生对抽象艺术感悟的灵敏度，在审美过程中引导学生抓住绘画作品所表现的思想和情感是必要的。大学生审美经验的积累过程与审美情感的建立应当同步，多品味名画名作，经常与"经典"画作的审美意味共振，对学生的情感心理的培养会有很大帮助。

第三节　高校大学生摄影美育教学

一、摄影的基本特征

就创作而言，审美主体决定了审美对象的现实生成，摄影艺术也不例外，每一个美的瞬间的捕捉都是摄影者主体审美心理文化结构的一次展示，主体有什么样的审美心理和文化背景，就会产生什么样的摄影作品。一个特定的主体，其审美标准是在大致相同的社会文化条件下形成的，所以在审美活动中的感受会表现出一种总的特征。随着时代的发展，摄影审美方式的观念也在发展，从纪实艺术到抒情艺术，从瞬间艺术到时间艺术，从现实艺术到梦幻艺术，从再现艺术到表现艺术。多元化、多风格、多流派的发展趋势使摄影不再是一种技术的再现，而是一种思维方式和审美观念的变化。

（一）纪实性

纪实性是摄影艺术区别于其他艺术门类的审美特性之一。

首先，这种纪实性表现在它运用科学技术手段，能够逼真、精确地把被摄对象再现出来，使得摄影作品具有客观性、真实性，给人以逼真感。摄影离不开生活实景，照片又常常是生活实景最真实的投影。因此，这种纪实特性决定了摄影作品是客观现实生活的直接再现。但它又不是纯客观地、机械地再现客观事物，而是经过作者的情感体验和艺术思考的审美创造出的具有典型性的艺术形象。也许正因为摄影艺术形象在感性直观上比其他艺术具有更强的现实感，所以往往使人感到更真实、更可信。

其次，这种纪实性还表现在它必须直接面对被摄对象进行现场拍摄，如实地反映现实生活中实际存在的人物、事件和环境。许多优秀的摄影作品常常是抓拍或抢拍出来的，这种纪录性拍摄方式能给人一种身临其境的感觉。相比之下，绘画和雕塑则无须现场创作，它们既可以表现现在的事物，也可以表现过去或将来的事物，甚至可以表现艺术家想象的但实际生活中并不存在的事物。

（二）瞬间性

瞬间性是摄影艺术的又一个重要审美特性。摄影作品的成功与失败，美与不美，取决于多种因素，但是按动快门的迟与早往往是决定一幅照片是作品还是废品的关键因素。因为任何一张照片都是以按快门时极为短暂的一瞬间再现被摄对象的瞬间状态，但是按快门时不是所有的瞬间情态都是美的，只有把握最恰当的拍摄瞬间和选择最美的瞬间情态不失时机地拍下的照片才能成为艺术品，才能称得上瞬间美的形象。摄影艺术创作具有其他艺术创作不可企及的迅捷摄取审美对象形态的能力，从而为摄影艺术创作提供了时间选择的可能性，这是由摄影艺术的又一个特性——瞬间性所决定的。摄影艺术作品可以把这个转瞬即逝的时刻凝固下来，供人们长期欣赏与思考。它的审美意义在于虽然摄影艺术作品表现的是审美活动的某个瞬间，却能为下一步活动情节的发展留下审美想象的空间。

摄影瞬间性特征决定了通过摄影艺术创作可以提高人们的审美感知能力和审美判断能力。摄影作品作为一种艺术美，是自然美和社会美的升华，它集中反映了人们的审美情感。审美情感是摄影作品的灵魂，也是摄影艺术创作的动力。在摄影艺术创作中，摄影者会和被摄体产生一种心灵的沟通和情感的体验，并将自己的审美情感"移入"被摄体中，使其成为表现摄影者审美情感的载体，这是一个审美情感的物化过程。由此可见，审美情感在摄影艺术创作中的作用是十分重要的。

（三）艺术性

摄影艺术不仅具有纪实性，还具有艺术性，杰出的摄影作品必然是纪实性与艺术性的完美统一。

摄影艺术形象的创造首先需要摄影师熟练掌握摄影的艺术技巧和艺术语言，熟练运用画面构图、光线、影调（或色调）三种主要造型手段。画面构图即取景。摄影作品的画面一般包括主体、陪体和背景部分，画面构图就是要将它们有机地组织在一起，使之形成一个艺术整体。摄影构图方式多种多样，有水平式构图、垂直式构图、对角线构图、十字形构图等多种方法。摄影用光简称用光，指拍摄时运用各种光源对被摄对象进行照明，以达到理想的造型效果。摄影用光包括正面光、侧面光、逆光、顶光、脚光等，具体拍摄时灵活运用，可以加强画面的空间感和立体感，创造氛围，烘托主题，使作品具有感人魅力。影调和色调也是摄影艺术的一个重要造型手段。影调是指黑白照片上所表现的明暗层次，色调是指彩色照片上色彩的对比与和谐。影调和色调通过艺术处理，可以产生影调层次、影调对比、影调变化和色彩变化、色彩反差、色彩和谐等艺术效果，使摄影

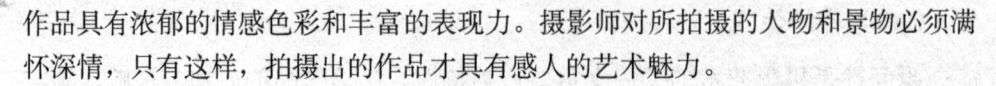

作品具有浓郁的情感色彩和丰富的表现力。摄影师对所拍摄的人物和景物必须满怀深情，只有这样，拍摄出的作品才具有感人的艺术魅力。

（四）象征性

摄影图像具有符号语言的某些特性，其形象具有相应的象征含义，因而可以根据受众的生活和文化视觉经验来运用这一特性，传达必要的抽象概念。摄影图像除了能够准确无误地再现客观形象，也能够利用图片引起人们联想的属性，通过暗示、象征和比喻等传达方式，以事物所具有的某些象征属性来表示某些比较抽象的概念。图像象征语意属性，只有在特定的文化环境中才具有价值，否则，就容易出现信息传达上的障碍，即出现误解或者不能理解的现象。

二、摄影艺术与高校美育教学

开展高校摄影美育，可以陶冶学生的思想品德，学生参加摄影艺术学习，深入生活采风，拍摄健康的优秀的摄影艺术作品，不仅能了解风俗、民情、地理，更能体会到社会的发展与变化，从而使学生的人生观发生积极变化。摄影美育不仅能使人性更加完美与充实，而且能架起人与经验之间的桥梁，以使人们更完美地理解人的社会生活。摄影美育有助于人际交往与经验交流，它用一种特殊的方式交流人们的思想与情感，有力地增强了自我表达的内涵，在充满令人困惑的信息世界中，摄影美育还有助于学生探索、理解和接受新的事物。

摄影在人类社会生活中得到广泛应用，归纳起来有三方面功能，即认识功能、教育功能和审美功能。

（一）认识功能

摄影之所以具有认识功能，是因为它记录了自然和社会现象，使人们能超越时空的限制认识客观自然和人类社会。摄影不仅能记录人眼看得见的事物，还能记录人眼看不见或看不清楚的事物，因而具有揭示未知事物的功能。比如，通过显微摄影可以看见昆虫的复眼，通过遥感摄影可探测地球的资源，通过水下摄影可看到海底的动物和植物……摄取过程的直接性和所摄图片的真实性使摄影具有实证功能。

（二）教育功能

摄影不仅能客观地记录自然和社会现象，同时能在记录中传达拍摄者的思想情感，通过对角度、光线、瞬间及聚焦的选择予以倾诉，还可以通过与照片相配合的文字说明或标题来表达，用于表现拍摄者对于自然、对于人生的评价和态度，对观赏者具有教育作用。

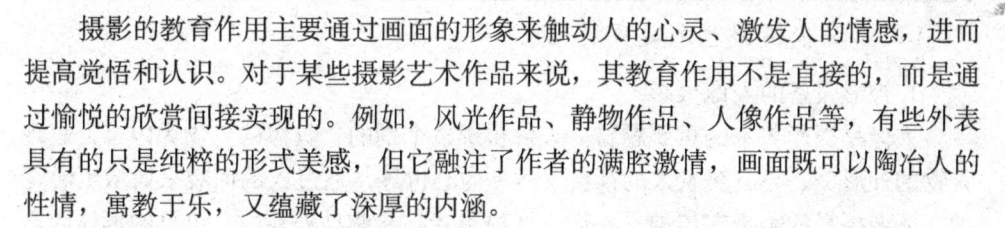

摄影的教育作用主要通过画面的形象来触动人的心灵、激发人的情感，进而提高觉悟和认识。对于某些摄影艺术作品来说，其教育作用不是直接的，而是通过愉悦的欣赏间接实现的。例如，风光作品、静物作品、人像作品等，有些外表具有的只是纯粹的形式美感，但它融注了作者的满腔激情，画面既可以陶冶人的性情，寓教于乐，又蕴藏了深厚的内涵。

（三）审美功能

在内容上，优秀的照片反映了具有审美价值的事物以及摄影者对事物的审美评价；在形式上，优秀的照片符合美的规律和人们的审美要求，能激发人的美感，提高人的审美趣味和审美能力。

照片中所表现的美的形态可以具有优美、崇高或悲剧及喜剧的审美特性。黄翔的《黄山雨后》表现了黄山特有的奇松、怪石，画面同时具有中国水墨画的空灵、简约，给人以美的享受。除了反映是非曲直的客观事物本身所具有的美以外，优秀的摄影作品还能反映拍摄者的构思和拍摄技巧，同样能给观赏者带来美的愉悦。

三、高校摄影艺术的美育指导

（一）如何进行摄影艺术教育

为了使学生达成既定的摄影学习目标，就应在摄影基本理论、摄影技术技能、摄影艺术思想、人文精神体现等方面提出不同的要求，同时强调大学生将其融会贯通。一切艺术手段的出现，都是为了表达思想，为内容而服务。随着摄影技术的进一步发展，摄影重要的不是相机，不是感光材料，而是拍摄者的思想与情感。摄影艺术教育应注重对学生动手和实践能力的培养，艺术不仅是理论知识，更重要的是亲自动手去做，去感悟、体验艺术，教师要让学生把摄影艺术教育看作生活的一部分，一种文化经历，而不是简单的一门课程。

摄影作品的创作个性主要取决于学生观察事物的能力、分析问题的能力，以及丰富的生活阅历和经验、艺术修养与美学知识、拍摄技术的娴熟程度。对于摄影上有所成就的学生来说，重要的一点就是学会观察。在学生理解了关于照片中应当追求什么之后，教师就可以教学生如何观察、摄取周围世界中的美丽景物，并且使之具有自己的方法和见解。从审美的主观感受上看摄影，因其为多维审美素质的和谐渗透，所以能达到同审美主体生理和心理相联系的适度的审美享受。富有创意的照片往往会把学生带进一个奇妙的世界，引起他们无限的遐想。学生只要利用摄影艺术本身固有的特点和技术，结合自己的创造性构思，就可以创作出优秀的艺术作品。

（二）高校摄影艺术美育实践

1. 神形兼备的人像摄影

人像是摄影艺术的重要题材，人像摄影以个别的、具体的人物为内容，表现人物的外形美、心灵美及人的社会气质和内心世界，通过人的面貌来揭示生活。

人像摄影的美贵在传神，一切人像摄影者都要调动外在的、可见的形体因素来传达人的内心感情和精神境界，开启窥见人物内心世界的窗户。

①眼神：人的眼睛是人内心世界的晴雨表，人的喜、怒、哀、乐都会从眼神中透出信息来，所以，人像摄影审美要善于抓取流露人物内心感情的眼神，来理解人物的性格。

②手势：手势是人像摄影中重要的形象语言，它能表达人物的职业特征和性格特征，微妙地传达出人物某种特定的情绪。

③姿态：用姿态来表现一个人的风度、气质是十分有力的。例如摄影作品《芭蕾舞演员》中，演员站在练功杠旁，伫立暂歇的身姿，静中寓动，表现了女演员柔中带刚的气度。

④环境：把人物放在一定的典型的环境背景中，对刻画人物是有利的。

2. 壮丽秀美的风光摄影

风光摄影是以大自然和人对自然的改造成果为题材的，包括自然风光、城市风光、农村风光等。一幅好的风光摄影作品，不但是在表现自然的美，更重要的是在表现人对自然美的感受，表现作者强烈的感情色彩和审美情趣。作品中的自然，是人化了的自然，跳跃着人的生命和感情。所谓情景交融，就是作者对风光景物进行选择、提炼、组合、配置，再现作者对自然美的感受和情意。

有的风光摄影作品重在壮美，这些作品常常从大处落墨，气势磅礴；有的风光摄影作品着重于秀美，重在表现自然的神韵，这些作品处理景物时，常常从小处着眼，一亭一桥，一条曲径小道，几株柳暗花红，水边倒影，以具体景物的形体线条为主，清新幽雅；有的风光摄影作品重在意境美，它不求写实，常常舍弃景物的清晰形象，质感和立体感都不重视，却强调一种气氛。

第四节　高校大学生音乐美育教学

一、音乐美育的含义

音乐美育是有目的、有计划、有组织地通过音乐艺术内容，按照音乐美的规律对学生进行全方位的音乐审美教育，以促进他们的素质全面、自由和谐发展的教育活动。

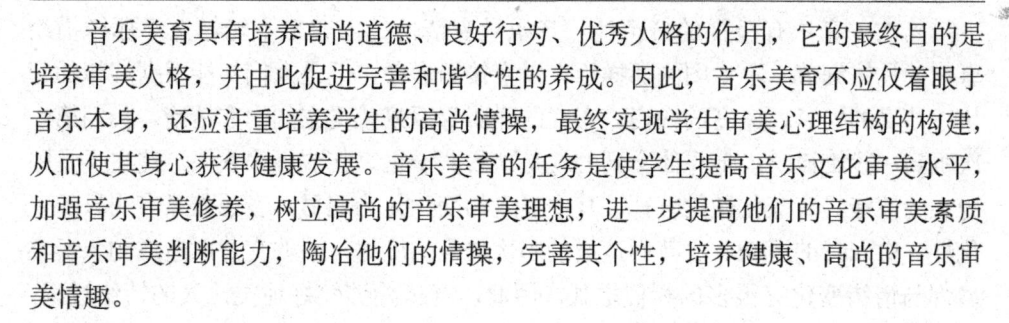

音乐美育具有培养高尚道德、良好行为、优秀人格的作用，它的最终目的是培养审美人格，并由此促进完善和谐个性的养成。因此，音乐美育不应仅着眼于音乐本身，还应注重培养学生的高尚情操，最终实现学生审美心理结构的构建，从而使其身心获得健康发展。音乐美育的任务是使学生提高音乐文化审美水平，加强音乐审美修养，树立高尚的音乐审美理想，进一步提高他们的音乐审美素质和音乐审美判断能力，陶冶他们的情操，完善其个性，培养健康、高尚的音乐审美情趣。

二、音乐美育的基本特征

音乐美育能够在潜移默化中使人的良知和德行得到积累，进而凝聚和积淀为一种自由的道德心理结构和行为模式，使人逐渐变得更为纯真和善良。音乐艺术具有自身的基本特征。

首先，音乐美育具有非功利性的特点。音乐美育是一种审美活动，追求精神上的满足与愉悦，使人"脱俗"。音乐美育没有直接的功利目的，其实施目的在建构人的审美心理结构，完善人格，促进学生全面、自由、和谐的发展。例如德国音乐美育美学家康德所指出的："在审美中存在着无功利而产生的愉悦。"

其次，音乐美育是情感性的。音乐美育主要是诉诸人的情感，在音乐审美中能使学生怡情悦性，获得一种精神享受。在音乐美育中自始至终都伴随着情感体验，在激发与唤起大学生情感的过程中，使大学生产生激情，对大学生起到情感陶冶、净化和启迪的作用。以音乐美育的方式来培养和完善大学生的道德，能帮助大学生提升品位，形成崇高的道德品质。例如阿炳的《二泉映月》旋律，能将人引入夜阑人静、泉清月冷的境界，抒发了一位饱经忧患的老人内心难以名状的压抑和痛苦，以及对苦难生活的不满与挣扎之情，欣赏《二泉映月》，能增强人对社会人生的感悟，净化心灵。

总之，音乐美育是一种感性教育，它以人的兴趣、爱好为基础，在潜移默化中引起人们感情的激荡，形成共鸣。音乐美育的实施旨在使学生从音乐审美中获得极大的精神愉悦和满足，受到美的熏陶与感化。

三、音乐的审美特征

首先，音乐具有形象的不确定性。人们在欣赏音乐时，听觉占据了主导地位，音乐形象并不直接作用于人的视觉，对于一般听众来说，乐谱只是没有生命的符号，引不起人们情感的愉悦，只有在歌手演唱或乐手演奏之后，乐谱才变成了活的音响，才被人们所感受。音乐塑造的形象并不确定，必须借助于对音乐背景知识的了解，并在此基础上充分发挥想象力去感受音乐所"描绘"的图景。

其次，音乐有极强的抒情性。音乐是表情性的，它虽不能像文学那样描绘事物的具体细节，不像图画那样给人以直接的形象，但是人们却能根据旋律的起伏、节奏的松紧、速度的快慢、力度的强弱等因素感受它的内在情绪。我们第一次听到一段旋律时，最先体会到的就是这段曲子很哀伤或者很欢快，这主要是因为人的情绪具有变化性的特征，其中强度的变化尤为明显。音乐也具有明显的变化性，由乐音的运动、更替而造成的起伏变换的旋律，强弱交替而造成的节奏类型都与情绪变化有很多的相似之处。因此，音乐能够较好地类比人的情绪过程，更能表达人类的感情，与人产生共鸣。

最后，音乐具有时间特性。音乐的一切构成因素都是在时间的流动中建立、展开、完成的。音乐音响在时间上的流动和延续形成了艺术形象，产生了艺术效果。因此，所有的音乐都有一次性的特点，它的每一次表演都是不可重复的，这就要求人们在欣赏时必须集中注意力。所以，欣赏音乐或参与音乐表演，对提高人的审美注意力是一种很好的锻炼。

四、如何实施音乐美育

音乐美育包括两个相关联的层面，一是音乐的基本知识的传授；二是音乐审美能力的培养。因为音乐美育的最终目的是塑造审美人格，所以音乐基本知识的传授主要是为了音乐审美能力的培养。对于高校非音乐专业的学生来说，音乐美育的内容主要包括音乐基本知识的教育和音乐欣赏教育。

音乐基本知识教育主要是指乐理知识的传授和音乐史的了解，这是对音乐的一种基本认识。音乐的基本知识应该包括音乐的一些基本理论、音乐史等。音乐基本理论的学习主要是了解音乐的基本构成因素、基本的表现手段及基本特征，在音乐活动中培养听觉能力、音乐记忆能力。音乐史的学习相当于音乐文化知识的教育，能让受教育者了解音乐发展的历史、音乐的民族特征及不同风格音乐的文化意义。通过对经典作品的解析，提升音乐的文化内涵，提高大学生的音乐修养。

音乐欣赏教育是音乐美育中重要的教育内容。音乐欣赏教育是在教师的指导下欣赏优秀的音乐作品，使受教育者从认识音乐的形式到内容，以及对音乐的理解都获得由浅入深的能力，从而开阔受教育者的视野，训练出"听音乐的耳朵"。音乐的审美理解不同于认知理解，它是对形式中暗含的特殊意味进行直觉理解，通过感知，抓住形式，借助想象去理解其精神内涵。音乐欣赏教育是要提高人们"心领神会"的本领，让受教育者不但懂得音乐的表现技巧，又要理解作品所蕴含的民族意识和时代精神，从而使学生逐渐获得审美能力。教师对学生在欣赏音乐过程中的指导，包括介绍所欣赏的音乐作品的相关音乐知识、作品的时代背

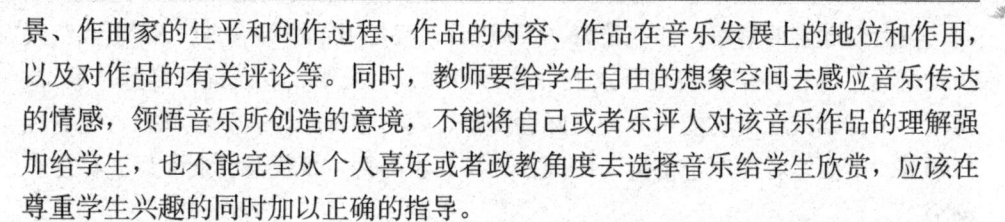

景、作曲家的生平和创作过程、作品的内容、作品在音乐发展上的地位和作用，以及对作品的有关评论等。同时，教师要给学生自由的想象空间去感应音乐传达的情感，领悟音乐所创造的意境，不能将自己或者乐评人对该音乐作品的理解强加给学生，也不能完全从个人喜好或者政教角度去选择音乐给学生欣赏，应该在尊重学生兴趣的同时加以正确的指导。

音乐的实施途径包括社会音乐教育、学校音乐教育和家庭音乐教育，在我国，学校音乐教育是实施音乐美育的重要阵地，实施学校美育的方式有课堂教育和课外活动教育。高校音乐课堂教育包括教授音乐知识和音乐欣赏。课堂教育具有系统性，学生可以循序渐进地学到音乐基础知识，欣赏到古今中外的经典作品。课外活动教育在学校美育中是非常重要的形式，是对课堂教育的补充，它的主要方式是通过艺术社团的建立与管理实现的，也包括一些音乐比赛和艺术节活动的开展。

第五节　高校大学生舞蹈美育教学

一、舞蹈艺术概述

舞蹈艺术是指以经过提炼和规范化了的有节奏、有组织的一系列人体动作为表现手段来表达人们在深层的精神世界，用肢体语言呈现美感的一门艺术。舞蹈艺术被归为时空艺术在于它以时间的展开为存在方式，并以空间造型为特征，抒情与叙事并存，具有综合性、表演性、丰富性的特点。闻一多曾说过："舞蹈是生命情调最直接、最真实、最强烈、最尖锐、最单纯又最充足的表现。"舞蹈最大的特点就是运用人体语言作为传情达意的媒介，是动态的表现艺术、表情艺术，也是时空艺术。美国哲学家苏珊·朗格称"舞蹈可以说是人类创造出来的第一种真正的艺术""舞蹈演员创造的舞蹈也是一种活跃的力的形象，或者说是一种动态的形象"。

欣赏舞蹈艺术，其实就是欣赏人体本身的美，包括动态美及动态所产生的意象美，如果欣赏者感受到人体动态所传达的深层的情感或者象征意义，则说明审美产生了价值。

二、高校大学生舞蹈艺术美育的类型

舞蹈艺术可以分为生活舞蹈和艺术舞蹈，前者是指与人们日常生活联系密切的、大众易参与和学习的群众性舞蹈，比如我国北方汉族的"秧歌"、傣族的"孔雀舞"、藏族的"弦子舞"、苗族的"芦笙舞"等；后者就是由舞蹈演员表演

的、供大众欣赏的舞蹈，如芭蕾舞《天鹅湖》、蒙古男子群舞《奔腾》、现代双人舞《命运》等。舞蹈从表现形式上可分为独舞、单人舞、双人舞、群舞、歌舞、舞剧等；舞蹈按社会功能可分为交际性舞蹈、娱乐性舞蹈、表演性舞蹈、健身性舞蹈等。下面笔者介绍芭蕾舞、中国古典舞、民间舞、现代舞和交际舞五种艺术舞蹈。

（一）芭蕾舞

芭蕾舞就是西方的古典舞，源于欧洲民间。芭蕾源自意大利文 Ballare，就是跳舞之意。从 15 世纪发展到 19 世纪初期，浪漫主义芭蕾兴起，芭蕾艺术在俄国进入了"黄金时期"，代表作有《吉赛尔》，取材于德国诗人海涅的《德国冬日的故事》，以及著名的《天鹅湖》，在艺术上集音乐、舞蹈、戏剧于一体，成为芭蕾舞的经典之作。芭蕾的传入对我国舞剧产生了极大的推动作用。芭蕾舞的舞姿轻盈脱俗，优雅高洁，可以起到净化观者灵魂的作用。

（二）中国古典舞

中国古典舞是在民间舞蹈的基础上经过历代舞蹈艺术家的提炼、加工、整理、创造而形成的，有严谨的格式、规范的动作和高超的技巧。中国古典舞蹈原称"乐舞"，包括宫廷礼仪舞蹈、祭祀舞蹈、表演性舞蹈和戏曲舞蹈。中国的古典舞蹈程式严谨、动作规范、形式华丽、服饰精美、格调高雅，有较高的技巧性和艺术性，具有细腻圆润、刚柔相济、技艺结合、精气神融合统一的美学特征。

（三）民间舞

民间舞是指各个国家、民族、地区长期流行于民间的舞蹈形式，是由集体创作、集体传承、在人民群众中广为流传的一种舞蹈形式。每一个民族都有自己传统的、风格独特的民间舞蹈艺术。民间舞蹈的自娱性和娱他性并存，通俗性与技艺性结合，有浓郁的地域色彩。民间舞蹈"歌咏其声，舞动其容"，载歌载舞，形式活泼，表现普遍的情感，为广大民众所接受。民间舞蹈大都借助道具以增强舞蹈的表现力，中国传统民间舞的道具包括扇子、手绢、长绸、鼓、高跷等。印度民间舞常常使用各种材料做成的表现多种性格的假面；孟加拉傀儡戏中通常将马做道具，在木偶戏中还会出现其他动物形象。

（四）现代舞

现代舞又称自由舞，是 19 世纪末 20 世纪初在欧美兴起的一种反古典芭蕾的舞蹈流派。美国舞蹈家伊莎多拉·邓肯被公认为"现代舞之母"，她认为要从"足尖舞"中解放出来，主张个性解放，真实自然地表达人类本能的感情和生活观念。20世纪50年代以来，现代舞又产生了五花八门的流派，如"抽象派""先锋派""印象派"等。

（五）交际舞

交际舞又称"交谊舞""舞厅舞""舞会舞"，是指欧洲文艺复兴以来的宫廷舞蹈和近代社交舞蹈。这些舞大多由法国、意大利、西班牙民间舞蹈演化而来，经过艺术加工，具有了规范的程式，成为贵族展示自己高贵举止、华丽服饰和尊贵地位的特权，其舞姿庄重典雅，舞步严谨规范，颇具绅士风度。19世纪初，这些贵族式的宫廷舞转变为社会各阶层人人可跳的社交舞蹈，国际上流行的主要有华尔兹、拉丁舞、探戈、布鲁斯、狐步、快步舞、伦巴、桑巴、恰恰舞、牛仔舞、斗牛舞等。20世纪初，爵士乐的出现使交谊舞进入一个新的时期。1904年，英国成立了皇家舞蹈教师联合会，并由舞蹈家将华尔兹、探戈、伦巴、快步舞等国际流行的舞种、舞姿、舞步等加工整理，使其具有一定的规范和标准，并公布为"国际标准交谊舞舞厅舞"的跳法，这就是所谓的"国际标准交谊舞"，简称"国标"。"国标舞"与一般的交谊舞的区别在于它是规范化、系列化的，脱离了纯粹的自娱性，增强了艺术性，还具有表演性、竞技性的特点。

三、舞蹈艺术的审美特征

（一）动态性

首先，舞蹈是一种以人体动作为主要表现手段的舞台艺术，创造舞蹈形式和构成舞蹈形式美的物质材料就是人体本身。舞蹈人物的塑造、情绪的表达和意境的展现，始终贯穿于人体做出的一系列处于流动状态的舞蹈动作中。舞蹈就是以人体流动美的动态为语言来塑造舞蹈形象，表现广阔的社会生活。人体形态动作，按照一定的节奏有规律地发展，动作的连贯流畅与节奏统一起来形成韵律，这就成了舞蹈感染力的源泉。其次，舞蹈动作必须具有造型性，应该构成具有美感的形象，它是以人体的四肢和身段及表情姿态构成某种相对静止的形态。这种"形"与"神"的结合所产生的富于雕塑感和绘画美的形象动作，是对刹那间的生活片段的凝固，是一种静态的艺术形象，具有强大的表现力，而这一形象往往能给观众留下深刻的印象，令人浮想联翩。许多舞蹈在开场和结尾时，常把流动的舞姿化为静态的造型，创造出一个特殊的诗意的艺术空间，令观众在诗情画意的情怀中徜徉。

（二）抒情性

舞蹈与其他艺术一样，具有强烈的抒情性，"舞以尽意""舞以宣情"的说

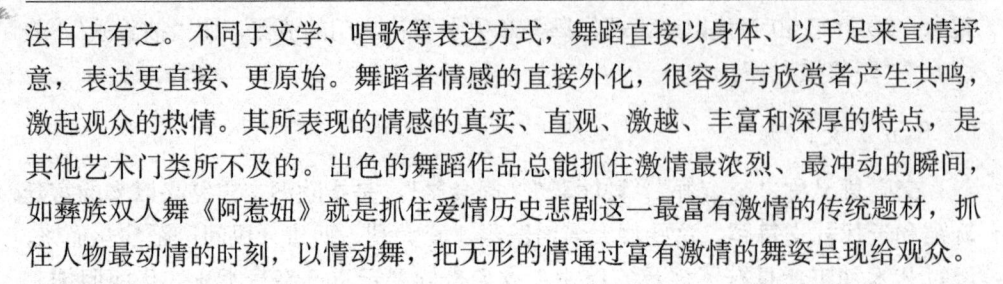

法自古有之。不同于文学、唱歌等表达方式，舞蹈直接以身体、以手足来宣情抒意，表达更直接、更原始。舞蹈者情感的直接外化，很容易与欣赏者产生共鸣，激起观众的热情。其所表现的情感的真实、直观、激越、丰富和深厚的特点，是其他艺术门类所不及的。出色的舞蹈作品总能抓住激情最浓烈、最冲动的瞬间，如彝族双人舞《阿惹妞》就是抓住爱情历史悲剧这一最富有激情的传统题材，抓住人物最动情的时刻，以情动舞，把无形的情通过富有激情的舞姿呈现给观众。

（三）虚拟性

舞蹈中动态的虚拟是对日常生活中人体的自然动态进行抽象化的艺术概括。比如，从人们的骑马行舟、跋山涉水、割稻洗衣等自然活动中，提取具有代表性的动态特征，运用夸张或浓缩的手段，富于美感地予以变形。例如在舞蹈《木兰归》中，演员虚拟性的动作使观众一眼就看出了木兰骑马归家的情景。这种模仿性的艺术概括与升华，可以使观众在自身生活经验的基础上产生联想，进而理解舞蹈所要表达的内容。

（四）综合性

舞蹈是一门综合性艺术，涉及文学诗歌、音乐、美术、戏剧、杂技、体操等众多艺术种类。舞蹈中舞姿的韵律像音乐，动作的造型及运用的空间、线条又像雕塑和绘画。舞蹈的综合性不仅表现在与其他类型艺术的相融合上，对于舞台表演艺术之一的舞蹈来说，舞台的美术布景、灯光、服饰等也是不可缺少的组成部分。比如，《命运》是编导根据贝多芬《第五交响曲》第一乐章所编排的现代双人舞，围绕"扼住命运咽喉，通过斗争，走向胜利"这一主题，歌颂人类勇于拼搏的精神，舞蹈以鼓舞人心的音乐为背景来表达光明必须战胜黑暗的信念；白衣男子代表光明，与命运抗争的一方，黑衣男子则代表黑暗势力，将希望与命运的冲突贯穿全舞；灯光上采用大量面光手法，大胆采用强烈的侧光，强烈的反差效果衬托出舞蹈的主题。

四、舞蹈艺术在高校的美育功能

高校舞蹈教育并不是培养专门的舞蹈人才，而是为了提高学生的整体素质而开设相关的舞蹈理论课及舞蹈形体等实践性训练。舞蹈美育能使学生在提高自身修养、塑造良好艺术形象的基础上，更加自觉地按照美的规律去改造客观世界。

（一）培养审美感受力

舞蹈审美是一种对舞蹈动作形式美的感受，从而引发联想、想象的情感体验活动。审美者通过审美通感或审美移情，会形成自身独特的审美体验。舞蹈艺术通过人体的表情、舒展的动作、优美的舞姿在富有情绪气氛的舞台上，感染观众，引起观者的情感共鸣，从而净化观者的情绪和心灵。学生在欣赏或学习舞蹈的过程中，感知到舞蹈艺术的形式美，包括线条、节奏、构图、造型等，感受到这种凝练的艺术形式所包含的深层内涵，使自身的各种情感得到抒发，精神得到滋养，这样，舞蹈美育的目的就达到了。

（二）提高审美鉴赏力

运用审美的眼光对舞蹈艺术进行欣赏、鉴别和评价，需要掌握舞蹈艺术的各种表现形式和技巧。审美者只有具有一定的艺术修养，才能在欣赏过程中获得审美乐趣，才能较客观正确地评价艺术作品。

高校开设舞蹈欣赏课，从舞蹈的审美特征入手，为学生解读经典的舞蹈作品，使学生掌握舞蹈语言，掌握解读舞蹈艺术的方法，进而提高学生对舞蹈的鉴赏力和审美情趣。

（三）塑造心灵，提升境界

舞蹈除了能让学生获得健康、活泼、向上的旺盛生命力外，还能使学生通过对舞蹈艺术的审美，在心灵深处唤醒对真善美的追求，使他们深切地体味到生命之美、人性之美。受教育者正是通过对舞蹈艺术真切的表达方式的动容，从而净化心灵，领悟真谛，提升人生境界。

参考文献

[1] 李晨. 中华优秀传统文化融入高校美育的价值意蕴和实践路径探析 [J]. 汉字文化, 2023（4）：187–189.

[2] 于婉莹. 高校艺术通识课程的美育价值及其实现 [J]. 中国大学教学, 2023（Z1）：51–57.

[3] 卢长彤. 新时代高校美育的内涵、问题及路径研究 [J]. 美术教育研究, 2023（1）：97–99.

[4] 张德禄, 赵静. 语法隐喻的话语建构功能探索 [J]. 外语教学, 2023, 44（1）：1–7.

[5] 徐锦芬, 杨昱. 大学英语教师课堂情绪调节策略使用调查与研究 [J]. 外语教学, 2023, 44（1）：54–60.

[6] 龙在波, 张姗姗. 生态视角下高校英语教师幸福感影响因素研究 [J]. 外语教学, 2023, 44（1）：68–74.

[7] 王仁强. 双层词类范畴化理论的超学科方法论 [J]. 外语教学, 2023, 44（1）：8–16.

[8] 雷茜. 超学科视域下的多模态话语创新研究模式探索 [J]. 外语教学, 2023, 44（1）：39–45.

[9] 范武邱, 钟含春. 从思维形态的多样性看机器翻译亟待突破的瓶颈 [J]. 外语教学, 2023, 44（1）：75–81.

[10] 邢涵. 基于传统民俗工艺美术重构当代社会美育路径的探究 [J]. 西部皮革, 2023, 45（1）：140–142.

[11] 李卉菁. 新时代美育对高校立德树人的价值探析 [J]. 经济师, 2023（1）：243–244.

[12] 康宁. 新文科建设影响下的高校美育课程改革思辨 [J]. 教育教学论坛, 2023（1）：77–80.

[13] 李富强. 高校美育文化的价值导向和实践路径 [J]. 汉字文化, 2022（24）：171–173.

[14] 周尚琴. 歌诗传统在高校音乐美育课程的应用与价值研究 [J]. 大众文艺,

2022（24）：181–183.

[15] 马思其. 红色文化与高校美育工作融合发展研究 [J]. 教育教学论坛，2022（51）：149–152.

[16] 金亚哲. 高校美育在线教学标准化初探 [J]. 中国标准化，2022（24）：232–234.

[17] 张炜，胡鑫宇. 高校美育对中国文化继承性的作用与意义 [J]. 中国美术，2022（6）：99–102.

[18] 张珂语. 基于美术类专业教育资源的艺术高校美育建设 [J]. 石家庄铁路职业技术学院学报，2022，21（4）：114–117.

[19] 陈雪贞. 高校英语教学"四美合一"美育体系建构 [J]. 中国大学教学，2022（12）：54–59，53.

[20] 屠春飞，陈帅，周乐. 解读高校美育教学的课程思政"基因表达" [J]. 天津中德应用技术大学学报，2022（6）：69–74.

[21] 石丹丹. 中华优秀传统美育文化的传承路径研究 [J]. 汉字文化，2022（23）：172–174.

[22] 杨卓，熊翌琴. 湖湘传统音乐文化资源融入高职美育教育的意义探究 [J]. 艺术评鉴，2022（22）：101–104.

[23] 董瑞云. 互联网背景下高校美育工作建设途径的调查分析 [J]. 科技风，2022（33）：46–48.

[24] 刘紫光. 试论传统音乐融入大学生美育教学的有效路径 [J]. 艺术评鉴，2022（22）：89–92.

[25] 杨雯珺. 美育视域下普通高校舞蹈公共课教学模式研究 [J]. 艺术评鉴，2022（22）：97–100.

[26] 郑绍江，王诗彧. "生态+"高校美育体系构建探索 [J]. 西南林业大学学报（社会科学版），2022，6（6）：92–96.

[27] 张晨. 生态环境保护教育视域下高校美育教育的创新路径 [J]. 环境工程，2022，40（11）：306.

[28] 郭颖. 非艺术专业高校美育课程体系探析 [J]. 焦作大学学报，2022，36（4）：80–83.

[29] 乔横. 高校艺术设计专业美育教育体系的构建研究 [J]. 工业设计，2022（11）：52–54.

[30] 蒋利平. 高校美育助推大学文化提质的内在逻辑、重点及进路 [J]. 湖南科技大学学报（社会科学版），2022，25（6）：170–176.